本书得到2019年海南省基础与应用基础研究计划（自然科学领域）高层次人才项目"基于计算实验金融的投资者行为对期货市场有效性影响研究"（项目编号：2019RC065）以及国家自然科学基金地区项目（项目编号：71963011）、中期协联合研究计划（第十四期）课题（项目编号：202131023）的资助。

QIHUO SHICHANG

TOUZIZHE

Xingwei Yanjiu

期货市场
投资者行为研究

邝雄　程超　陈霞　◎著

中国财经出版传媒集团

经济科学出版社
Economic Science Press

图书在版编目（CIP）数据

期货市场投资者行为研究/邝雄，程超，陈霞著
. -- 北京：经济科学出版社，2022.10
ISBN 978 - 7 - 5218 - 4125 - 1

Ⅰ. ①期…　Ⅱ. ①邝…②程…③陈…　Ⅲ. ①期货市
场 - 投资行为 - 研究　Ⅳ. ①F830.9

中国版本图书馆 CIP 数据核字（2022）第 194615 号

责任编辑：李　雪
责任校对：隗立娜
责任印制：邱　天

期货市场投资者行为研究

邝　雄　程　超　陈　霞　著

经济科学出版社出版、发行　新华书店经销

社址：北京市海淀区阜成路甲 28 号　邮编：100142

总编部电话：010 - 88191217　发行部电话：010 - 88191522

网址：www. esp. com. cn

电子邮箱：esp@ esp. com. cn

天猫网店：经济科学出版社旗舰店

网址：http://jjkxcbs. tmall. com

固安华明印业有限公司印装

710 × 1000　16 开　15 印张　230000 字

2022 年 10 月第 1 版　2022 年 10 月第 1 次印刷

ISBN 978 - 7 - 5218 - 4125 - 1　定价：76.00 元

（图书出现印装问题，本社负责调换。电话：010 - 88191510）

（版权所有　侵权必究　打击盗版　举报热线：010 - 88191661

QQ：2242791300　营销中心电话：010 - 88191537

电子邮箱：dbts@ esp. com. cn）

前　　言

　　一直以来，以理性经济人和有效市场假说为理论基础的传统金融理论是金融学研究的主流，但随着金融市场的不断发展，金融市场中的诸多"异象"不断涌现，原有的理论无法对这些异象做出合理解释，于是，试图从投资者的心理和行为因素对金融异象进行解释的行为金融的研究由此兴起。期货市场的研究也是如此，传统的期货价格理论是基于理性经济人和从无套利均衡的假设构建的理论体系，但期货市场同样存在不少"异象"，比如：2015 年我国股指期货的大起大落；2016 年商品期货市场出现的"小神棉""绝代双焦""疯狂的石头""双 11 之夜"现象；2020 年美国西德克萨斯轻质中间基原油期货价格暴跌，出现了史无前例的负价格；等等。市场供需的基本面因素难以完全解释这些现象，投资者的心理和行为因素在期货市场中到底扮演了怎样的角色是值得探究的问题。目前，行为金融关于投资者行为的研究主要还是集中在股票市场。相较于股票市场，期货市场在交易方式、操作方式、交易种类、市场参与者类型等方面有其独特的特点，对于股票市场投资者行为的研究不能简单直接套用在期货市场上，应针对期货市场的特有规律和实际数据，结合具体的投资者行为具体分析，方能得出符合期货市场现实的准确结论。对期货市场投资者行为相关问题的探索性研究，就形成了本书的内容。

　　本书试图通过定量分析结合定性分析的方法，对期货市场的投资者行为及其影响进行理论建模、实证检验和模拟分析，以丰富期货市场行为金融的理论研究。在章节结构安排上，本书共分为七章。第 1 章介绍基于理性经济人和无套利均衡假设的传统期货价格理论。第 2 章基于行为金融理论介绍期货市场可能存在的投资者行为。第 3 章具体讨论投资者过度自信行为及其对期货价格的影响，首先实证检验期货市场中投资者过度自信的存在性，进而构建期货投资者的过度自信影响期货价格的理论数理模型，并进一步对期货投资者影响期货市场价格进行模拟分析，最后从演化博弈的视角，讨论过度自信投资者在期货市场中的长期存在性问题。第 4 章讨论期货投资者的锚定效应及其对期货价格的影响，首先检验期货市场投资者锚定效应的存在性，然后构建锚定效应影响期货市场价格的理论数理模型，并对锚定效应交易者长期存在性进行演化博弈分析，最后，应用多主体复杂适应系统模拟方法，构建锚定效应影响期货市场有效性的模拟仿真模型，进一步讨论锚定效应对期货价格的波动性和价格发现功能的影响。第 5 章主要检验期货投资者的代表性启发式心理的存在性，并探讨了与此相关的期货投资者的过度反应行为。第 6 章关注期货投资者的处置效应，对投资者处置效应的存在性进行了实证检验，并同样通过构建处置效应影响期货市场有效性的多主体复杂适应系统模拟模型，探讨处置效应对期货市场有效性和期货投资者收益的影响。第 7 章聚焦期货投资者的羊群效应，对期货市场的羊群效应进行了检验，并通过多主体复杂适应系统模拟模型的设计，模拟分析期货投资者羊群效应对期货价格波动性和价格发现功能的影响。

期货市场的运行机制复杂，投资者类型多样，更多角度的投资者行为的研究还有待进一步深入挖掘和完善。本书在此只是做了初步的探究，书中难免存在不足和粗浅之处，还望得到各界专家学者的批评指正，同时也希望通过此书抛砖引玉，为从市场交易角度分析期货市场价格理论提供有益参考，促进期货市场行为金融研究的进一步发展。

本书得到海南省基础与应用基础研究计划（自然科学领域）高层次人才项目、国家自然科学基金项目、中期协联合研究计划以及海南省"南海系列"育才计划的支持，谨此致谢！

邝 雄

2022 年 7 月于海南大学经济学院

目　　录

第1章　期货价格理论 ……………………………………………… 1

1.1　基本概念 …………………………………………………… 1

1.2　期货价格决定理论 ………………………………………… 2

第2章　期货市场投资者行为 …………………………………… 10

2.1　投资者存在的认知偏差 …………………………………… 11

2.2　投资者存在的行为偏差 …………………………………… 16

第3章　期货市场投资者的过度自信研究 ……………………… 18

3.1　期货投资者过度自信行为的实证检验 …………………… 21

3.2　过度自信影响期货市场价格的数理模型分析 …………… 26

3.3　过度自信影响期货市场价格的模拟分析 ………………… 32

3.4　期货投资者过度自信行为的演化博弈分析 ……………… 37

第4章　期货市场投资者的锚定效应研究 ……………………… 43

4.1　期货投资者锚定效应的实证检验 ………………………… 45

4.2　锚定效应影响期货市场价格的数理模型分析 …………… 50

4.3　锚定效应期货投资者存在性的演化博弈分析 …………… 60

4.4　期货市场锚定效应的多主体模拟分析 …………………… 70

第 5 章 期货市场投资者的代表性认知偏差和过度反应研究 ············ 81

  5.1 代表性启发式心理的实证检验方法 ················ 82

  5.2 代表性启发式心理的实证检验 ················ 83

  5.3 过度反应的实证检验 ················ 88

  5.4 结论分析 ················ 90

第 6 章 期货投资者的处置效应研究 ················ 92

  6.1 期货投资者处置效应的实证检验 ················ 93

  6.2 期货投资者处置效应的模拟研究 ················ 96

第 7 章 期货市场投资者的羊群效应研究 ················ 107

  7.1 期货投资者羊群效应的实证检验 ················ 113

  7.2 期货投资者羊群效应的模拟研究 ················ 118

附录 A 锚定效应多主体模型的 NetLogo 代码 ················ 156

附录 B 处置效应多主体模型的 NetLogo 代码 ················ 169

附录 C 羊群效应多主体模型的 NetLogo 代码 ················ 199

参考文献 ················ 223

第1章
期货价格理论

1.1 基本概念

期货合约是指在将来某一指定时刻以约定价格买入或卖出某一产品的合约。期货交易是指在期货交易所内集中买卖某种标准化期货合约的交易活动，按照交易对象可分为商品期货和金融期货。

期货交易和现货交易有着密不可分的联系，但二者又有着本质的区别，其区别如表1-1所示。

表1-1　　　　　　　　　　期货交易和现货交易的区别

项目	期货	现货
交易对象	标准化的期货合约	现货商品本身
交易地点和时间	在期货交易所、规定时间内进行交易	时间、地点非常灵活
交割方式	绝大多数对冲平仓；极小部分实物交割	现货商品交收
杠杆效应	保证金交易，杠杆效应大	现货交易，杠杆效应小
交易效率	非常高	低
市场流动性	非常高	低
结算方式	当日无负债结算（逐日盯市）	现货交手时钱货两清
违约风险	几乎不存在	存在

1.2 期货价格决定理论

当同一资产上的远期合约与期货合约有相同期限时，远期价格和期货价格通常是非常接近的。由于远期合约不需要每日结算，比期货合约更容易分析，所以讨论期货价格的决定理论一般从远期价格开始。

首先讨论远期价格和对应的当前价格，采用的符号如表1-2所示。

表1-2　　　　　　　　远期定价公式所使用的符号

符号	含义
T	表示远期或期货合约的期限
S_0	表示远期或期货合约标的资产的当前价格
F_0	表示远期或期货的当前价格
r	表示按连续复利的无风险零息利率，这一利率的期限对应于合约的交割日

1.2.1　投资资产的远期价格

为使分析简化，对远期价格的定价一般做出如下假设：

①市场参与者进行交易时没有手续费；

②市场参与者对所有交易净利润都使用同一税率；

③市场参与者能够以同样的无风险利率借入和借出资金；

④当套利机会出现时，市场参与者会马上利用套利机会。

假设某一资产的当前价格为 S_0，并且不提供任何中间收入。现在标的资产（现货）的价格为 S_0，购买1单位现货需支付 S_0 的资金。

假设现在的远期价格相对较高，即 $F_0 > S_0 e^{rT}$。套利者能够以无风险利率 r 借入 S_0 的资金来购买1单位现货，并同时承约 T 期后的1单位的远期合约的空头，在 T 期交割获得现金 F_0 后偿还贷款的现金总额为 S_0e^{rT}。通过这一策略，套利者在 T 期结束时可获得的盈利为 $F_0 - S_0e^{rT}$。

假设现在的远期价格相对较低，即 $F_0 < S_0e^{rT}$。套利者可以卖空 1 单位现货，将所得资金以 r 利率投资 T 期限，并同时承约 T 期限 1 单位的远期合约多头。卖空现货的投资在 T 期后会涨至 S_0e^{rT}。T 期后，套利者按照远期合约支付 F_0 买进现货，并将现货用于卖空交易的平仓。套利者在 T 期后的盈利为 $e^{rT} - F_0$。

把上述两个交易策略总结如表 1-3 所示。

表 1-3 不同远期价格情况下的套利交易策略（没有中间收入的资产）

情况 1：远期价格 $F_0(>S_0e^{rT})$	情况 2：远期价格 $F_0(<S_0e^{rT})$
现在的交易	现在的交易
①以无风险利率 r 借入 S_0 资金，期限为 T 期 ②买入 1 单位资产 ③承约远期合约的空头，在合约中同意在 T 期以价格 F_0 卖出资产	①卖空 1 单位资产，收入现金 S_0 ②将现金 S_0 以无风险利率 r 投资 T 期 ③承约远期合约的多头，在合约中同意在 T 期以价格 F_0 买入资产
T 期的交易	T 期的交易
①以价格 F_0 卖出资产 ②偿还贷款本息 S_0e^{rT}	①收入 S_0e^{rT} 的投资收益 ②以价格 F_0 买入资产，对卖空交易进行平仓
实现盈利为：$F_0 - e^{rT}$	实现盈利为：$e^{rT} - F_0$

通过上述分析可知，如果 $F_0 > S_0e^{rT}$，套利者可以通过买入资产并承约远期合约的空头来进行套利；如果 $F_0 < S_0e^{rT}$，套利者可以通过卖空资产并承约远期合约的多头来进行套利；只有当 $F_0 = S_0e^{rT}$ 时，套利机会才会消失，价格才趋于稳定。因此，在无套利均衡的假设下，当前远期价格和现货价格应遵循如下关系：

$$F_0 = S_0e^{rT} \tag{1-1}$$

1.2.2 放宽假设的投资资产的远期价格

（1）已知中间收入的资产

假设某资产具有已知的中间收入，比如已知股息的股票或带息券的债券，这种资产在远期合约期限内的时刻 T_1（$T_1 < T$）具有一笔已知的中间收入 I_1，中间收入 I_1 的贴现值为 $I_0 = I_1 e^{-rT_1}$。

在这种情况下，如果远期期货价格比较高，则在实行表 1－4 情况 1 的交易策略时，买入 1 单位资产后，中间会有一笔收入 I_1，可用于提前还款。如果远期期货价格比较低，实行表 1－4 情况 2 的交易策略时，卖空 1 单位资产中间需支付一笔费用 I_1，需预留出一部分现金。在提供已知中间收入的资产的情况下，交易策略如表 1－4 所示。

表 1－4　　不同远期价格情况下的套利交易策略（具有已知中间收入的资产）

情况 1：远期价格 $F_0 [> (S_0 - I_0) e^{rT}]$	情况 2：远期价格 $F_0 [< (S_0 - I_0) e^{rT}]$
现在的交易	现在的交易
①做两笔贷款借入 S_0 资金，其中第一笔贷款资金为 I_0，期限为 T_1 期；第二笔贷款资金为 $(S_0 - I_0)$，期限为 T 期 ②买入 1 单位资产 ③承约远期合约的空头，在合约中同意在 T 期以价格 F_0 卖出资产	①卖空 1 单位资产，收入现金 S_0 ②将现金 S_0 分两部分投资，第一笔投资资金为 I_0，期限为 T_1 期；第二笔投资资金为 $(S_0 - I_0)$，期限为 T 期 ③承约远期合约的多头，在合约中同意在 T 期以价格 F_0 买入资产
T_1 期的交易	T_1 期的交易
①收入资金 I_1 ②用收入资金偿还第一笔贷款本息 $I_0 e^{rT_1}$	①收入第一笔投资收益 $I_0 e^{rT_1}$ ②用投资收益支付卖空资产的中间收入 I_1
T 期后的交易	T 期后的交易
①以价格 F_0 卖出资产 ②偿还第二笔贷款本息 $(S_0 - I_0) e^{rT}$	①收入第二笔投资收益 $(S_0 - I_0) e^{rT_1}$ ②以价格 F_0 买入资产，对卖空交易进行平仓
实现盈利为 $F_0 - (S_0 - I_0) e^{rT}$	实现盈利为 $(S_0 - I_0) e^{rT_1} - F_0$

通过上述分析发现，在资产具有中间收入的情况下，如果 $F_0 > (S_0 - I_0)e^{rT}$，套利者通过买入资产并承约远期合约的空头可以进行套利；如果 $F_0 < (S_0 - I_0)e^{rT}$，套利者通过卖空资产并承约远期合约的多头也可以进行套利。所以，在无套利均衡的假设下，当前远期价格和现货价格的关系变为

$$F_0 = (S_0 - I_0)e^{rT} \tag{1-2}$$

（2）已知收益率的资产

考虑远期合约标的资产支付已知的收益率（而非现金收入）的情形，这意味着在中间收入的数量是当时资产价格的百分比。假设这种资产在远期期限内的平均年收益率为 q，计算形式为连续复利。此情况下，所有资产的收入均可再投资于资产之中。买入 1 单位资产有收益率抵消利息率，实际成本支出率为 $e^{(r-q)T}$，卖空 1 单位资产以无风险利率投资，但还要支付该资产的收益率，实际收益率为 $e^{(r-q)T}$。在已知收益率资产的情况下，交易策略如表 1-5 所示。

表 1-5　　不同远期价格情况下的套利交易策略（具有已知收益率的资产）

情况 1：远期价格 $F_0[> S_0e^{(r-q)T}]$	情况 2：远期价格 $F_0[< S_0e^{(r-q)T}]$
现在的交易	现在的交易
①以无风险利率 r 借入 S_0 资金，期限为 T 期 ②买入 1 单位资产 ③承约远期合约的空头，在合约中同意在 T 期以价格 F_0 卖出资产	①卖空 1 单位资产，收入现金 S_0 ②将现金 S_0 以无风险利率 r 投资 T 期 ③承约远期合约的多头，在合约中同意在 T 期以价格 F_0 买入资产
T 期的交易	T 期的交易
①以价格 F_0 卖出资产 ②偿还贷款本息 $S_0e^{(r-q)T}$	①收入 $S_0e^{(r-q)T}$ 的投资收益 ②以价格 F_0 买入资产，对卖空交易进行平仓
实现盈利为 $F_0 - S_0e^{(r-q)T}$	实现盈利为 $S_0e^{(r-q)T} - F_0$

通过上述分析可知，在资产具有已知收益率的情况下，如果 $F_0 > S_0e^{(r-q)T}$，套利者通过买入资产并承约远期合约的空头可以进行套利；如果

$F_0 < S_0 e^{(r-q)T}$，套利者通过卖空资产并承约远期合约的多头也可以进行套利。所以，在无套利均衡的假设下，当前远期价格和现货价格的关系变为

$$F_0 = S_0 e^{(r-q)T} \qquad (1-3)$$

1.2.3　基于无套利均衡的期货定价

在大多数情况下，我们仍然可以比较合理地假设远期价格等于期货价格。

（1）股指期货价格

通常可以将股指看成支付股息的投资资产，投资资产为构成股指的股票组合，股息等于构成资产所支付的股息。通常假定股息为已知收益率。如果 q 为股息收益率，按照式（1-3），可得股指期货的价格 F_0 为

$$F_0 = S_0 e^{(r-q)T} \qquad (1-4)$$

（2）外汇期货价格

定义变量 S_0 为 1 单位外币的价格，F_0 为 1 单位外币的期货价格。外币具有以下性质：外币持有人可以收取货币发行国的无风险利率，可看作持有外汇资产的已知收益率。定义 r_f 为对应于期限 T 的外币无风险利率，变量 r 为对应于同样期限的本国无风险利率。根据式（1-3）可得外汇期货价格 F_0 为

$$F_0 = S_0 e^{(r-r_f)T} \qquad (1-5)$$

（3）商品期货价格

①收入和贮存费用。黄金与白银这两种商品，持有现货会产生贮存费用。贮存费用可视为持有现货的负收入，假定 U 为期货期限之间所有去掉收入后贮存费用的贴现值，由式（1-2）可得具有贮存费用的商品期货的价格为

$$F_0 = (S_0 + U) e^{rT} \qquad (1-6)$$

假定贮存成本为现期价格的比例 u，由式（1-3）可得具有贮存费用的商品期货的价格为

$$F_0 = S_0 e^{(r+u)T} \tag{1-7}$$

②便利收益率。商品持有者可能会认为持有商品比持有期货能提供更多的便利，例如，某石油加工厂不太可能将持有原油期货合约与持有原油库存同等看待，因为库存原油可以用于原油加工，而持有期货合约并不能用于这个目的。一般来讲，持有实物资产可以确保工厂的正常运作，并且从商品的暂时局部短缺中盈利，而持有一个期货合约却做不到这一点。持有商品而带来的好处有时称为商品所具有的便利收益率，持有商品具有的便利收益率可看作持有期货的机会成本。

如果贮存成本为现金形式而且已知现值为 U，则商品的便利收益率 y 可由以下关系式来定义：

$$F_0 e^{yT} = (S_0 + U) e^{rT} \tag{1-8}$$

如果贮存成本为现期价格的比例 u，那么便利收益率 y 可由以下关系式来定义：

$$F_0 e^{yT} = S_0 e^{(r+u)T} \tag{1-9}$$

即

$$F_0 = S_0 e^{(r+u-y)T} \tag{1-10}$$

（4）期货价格的持有成本理论

期货价格和即期价格之间的关系可由持有成本来描述。持有成本包括贮存成本加上资产的融资利息，再减去资产所提供的收益。对于无股息的股票而言，持有成本为 r，因为股票既没有贮存费用又没有中间收入；对于股指而言，持有成本为 $r-q$，因为股指提供收益率为 q 的中间收入；对于外汇而言，持有成本为 $r-r_f$；对于提供中间收益率 q 和贮存成本率为 u 的资产而言，持有成本为 $r-q+u$。

定义持有成本为 c，对于投资资产，期货价格满足以下关系式：

$$F_0 = S_0 e^{cT} \tag{1-11}$$

如果资产具有便利收益率 y，则期货价格满足以下关系式：

$$F_0 = S_0 e^{(c-y)T} \tag{1-12}$$

1.2.4　期货价格与预期未来现货价格

基于无套利均衡思想推导得到的当前期货价格 F_0 与当前现货价格 S_0 之间关系的方法只考虑了期货市场中的套利者。但期货市场中除了套利者，还有投机者。

考虑一个承约了期货合约多头的投机者，这个投机者希望在期货到期时现货价格高于期货价格。假设投机者将数量等于期货价格贴现值的资金进行无风险投资，而且同时承约了期货的多头，在期货价格日可用无风险投资的收入购买资产。投机者买入资产后，马上将资产在市场上卖出。对于投机者而言，其现金流如表 1-6 所示。

表 1-6　　不同远期价格情况下的套利交易策略（具有已知收益率的资产）

现在的交易	T 期的交易
将数量等于期货价格贴现值的资金 $F_0 e^{-rT}$ 进行无风险投资	①获得无风险投资收益 F_0 ②以价格 F_0 买入资产 ③将买入的资产以 T 期的现货价格 S_T 卖出
净现金流：$-F_0 e^{-rT}$	净现金流：S_T

时刻 T 的预期现金流的贴现利率应该等于投资者所要求的投资收益率。假设 k 为投资者对于这一投资所要求的收益率，投机者投资策略的贴现值为 $-F_0 e^{-rT} + E(S_T) e^{-kT}$，其中，$E(S_T)$ 为预期未来现货价格的数学期望值。假设在金融市场上所有投资定价都使得净贴现值为 0，这意味着 $-F_0 e^{-rT} + E(S_T) e^{-kT} = 0$，即

$$F_0 = E(S_T) e^{(r-k)T} \qquad\qquad (1-13)$$

从而得到期货价格与预期未来现货价格的价格决定公式。从式（1-13）可以得出以下结论：如果期货标的资产的收益与股票市场无关，则正确的贴现率 k 应该等于无风险利率 r，此时，

$$F_0 = E(S_T) \tag{1-14}$$

说明当标的资产的收益与股票市场无关时，期货价格等于未来现货价格的期望值。

当期货标的资产的收益与股票市场正相关时，即标的资产具有正系统性风险时，$k > r$，此时 $F_0 < E(S_T)$，即预期期货价格会小于未来现货价格的期望值，出现"现货溢价"。反之，如果期货标的资产收益与股票市场负相关，即标的资产具有负的系统风险，$k < r$，此时 $F_0 > E(S_T)$，即预期期货价格会大于未来现货价格的期望值，出现"期货溢价"。

第**2**章
期货市场投资者行为

传统的期货定价模型基于两大前提：第一，期货投资者是完全理性的；第二，期货市场的套利是没有限制的。然而在现实情况下这两大前提都是无法成立的。期货投资者在投资的过程中，往往存在各种认知或行为偏差，而由于投资者的风险厌恶情绪、套利的成本以及市场制度的约束，最终会造成期货市场的套利行为并不充分。

行为金融学是金融学、心理学和社会学等学科相交叉的学科。行为金融理论认为，投资主体往往存在系统性的认知和行为偏差，造成资产价格和市场运行偏离正常状态。行为金融理论是和有效市场假说相对应的一种学说，两者从理论基础上存在着根本不同，详见表2-1。

表2-1 有效市场假说和行为金融理论基础的比较

理论	有效市场假说	行为金融理论
基本假设	市场主体是理性的	市场主体是非理性的
	即使有噪声交易，但是可相互抵消	投资者的行为偏差是系统性的，并不会相互抵消
	无限制套利	套利是有限制的

行为金融领域吸收和借鉴了心理学和社会学的成果，研究并发现了市场参与者存在的各种认知偏差和市场上的各种异象。这些金融异象包括日历效应、股权溢价之谜、小盘股效应、互联网泡沫等。研究发现，投资者的认知和行为偏差种类繁多，例如投资者在投资过程中普遍存在损失厌

恶、过度自信、锚定效应和羊群效应等，这些投资者行为在股票市场中存在，在期货市场中也可能存在。

2.1 投资者存在的认知偏差

投资者的种种认知或行为偏差背后是其思考问题的方式在起作用。丹尼尔·卡尼曼（Daniel Kahneman）在其著作《思考，快与慢》中详细介绍了人们在思考问题时普遍采用的两种方式——快系统和慢系统。快系统是一种依靠感情、经验和直觉来进行判断的系统，有着决策速度快、占用脑资源少的特点。慢系统是一种基于理性分析的系统，有着决策速度快、占用脑资源多的特点。例如：我们在计算 3×7 时只需要动用快系统，而计算 13×17 时则需要通过慢系统处理。

2.1.1 启发式思维

启发式思维就是人类大脑采用快系统的一种思考方式，是人类在思考时采用的一种捷径。这种思考问题的方法会着重关注事物的基本特征，然后快速得出结论，从而帮助人们在复杂环境中快速做出决策。虽然启发式思维在人类生活中扮演着非常重要的角色，也常常能够快速并准确地得出结论，但这种思维方式往往缺少理性计算，有可能导致各种认知和行为上的偏差。特沃斯基（Amos Tversky）和卡尼曼将启发式偏差分为以下三种：代表性偏差，可得性偏差和锚定偏差。

（1）代表性偏差

代表性偏差指的是人们在判断某项事物时，首先想到的是去借鉴事件本身或同类事件以往的经验，而无视该事件的基本信息或者其他客观因素，从而得到错误的启示，导致判断错误。研究发现，人们之所以会产生代表性偏差，主要原因就是其对概率的各种错误估计。

统计学中的"大数法则"是指在随机试验中，每次出现的结果不同，但是大量重复试验出现结果的平均值却几乎总是接近某个确定的值。但是日常生活中人们一般会忽略样本规模大小可能导致的差异性，往往认为从总体中抽取的随机样本即使样本量很小，仍然可以用来估计整体规律。这种认为可以通过小样本来理解总体的观点称之为"小数法则"。例如，在分析了某个期货品种去年的波动规律之后，期货市场上的投资者会认为该品种接下来会按照类似规律波动，但是实际情况往往事与愿违。

（2）可得性偏差

特沃斯基和卡尼曼（1974）的研究认为，可得性偏差是指人们在做决策时，过度依赖于自己的记忆。越是容易被回忆起来的事情（例如最近才发生的事情或者多次发生的事情），人们会认为与记忆中的事情类似的事情发生的概率也越高，同时会忽略其他有用的信息。有些事件相对于其他事件而言更容易被想到，可能并不是因为这些事件有更高的发生可能性，而只是因为这些事件更容易被人们从记忆中提取出来。

在"9·11"事件以后，很多美国人受此影响对乘坐飞机产生了恐惧，而宁愿开车出行。实际上驾车出行的事故率要远远高于乘坐飞机。吉格瑞泽（Gigerenzer，2006）的研究表明，在"9·11"事件之后的一年内，由于为了避免飞行而选择坐汽车导致大约1595个美国人为此丧命。这就是典型的可得性偏差影响人们理性分析的案例。

（3）锚定启发式偏差

当人们需要对某个事件做定量估计时，往往会基于某些特定数值作出调整然后得出自己的判断，而作为参照的起始值会像锚一样制约着人们的估测值，造成调整的幅度不足，于是这类思考方式被称作锚定启发式偏差。锚定启发式思考方法本身是一种正常的心理活动和决策过程，但问题在于人们基于锚点做出的调整往往是不足的，造成最后估计出的结果会非理性地偏向锚点值。

我们来看一个经典的小实验，迅速地看一眼下面的算式并快速估算结果：

$$1 \times 2 \times 3 \times 4 \times 5 \times 6 \times 7 \times 8$$

如果不通过逐项计算，大部分人都会先快速地算一下前几项的结果，然后根据前几项的结果估计出最终结果。实验结果（Meir Statman，2019）显示，实验对象给出的所有结果的中值是512。然后实验人员又让另一部分人看一眼下面这个算式并快速给出结果：

$$8 \times 7 \times 6 \times 5 \times 4 \times 3 \times 2 \times 1$$

实验结果显示这一次人们给出的估计值的中值是2250。实际上，这个式子的正确计算结果是40320，然而仅仅是对算式中数字的展现顺序做了调整，人们的估计结果就产生了这么大的区别，这显示出了锚定点对人们判断的影响。同时我们也可以看到，即使是第二种情况下，人们所参照的锚点值（前几项的乘积）更大了，但是估算出的结果仍然离正确值相差甚远，这说明人们在基于锚点值进行估计时的调整是远远不够的。

事实上，人们不仅仅会受到这种有意义的锚点的影响（这些锚点至少还是携带了有用信息的），还会受一些无关的锚点影响。比如下面这个幸运转轮（Meir Statman，2019）的实验：

被试者的面前摆放着一个轮盘，轮盘外沿上标有0~100的数字。当轮盘转动起来后，指针会随机停在一个数字处，被试者会被告知这个数字代表的是百分比，很明显不同的被试群体将得到不同的数字。在转完转盘得到自己的数字后，实验人员会问被试者第一个问题：您觉得联合国中非洲国家的百分比是高于还是低于转盘上的百分比？（其实这个问题只是一个幌子，只是为了让锚点更明显）然后让被试者来回答第二个问题：您觉得联合国中非洲国家的百分比是多少？很明显第二个问题的中的百分比和转盘得出的数字是没有任何关系的。然而实验结果显示，被试者对于第二个问题的答案会显著受到轮盘产生的随机数的影响。当轮盘停在数字10时，被试者回答的非洲国家比例的平均值是25%，但是当轮盘停在数字65处时，答案的平均值就变成了45%。可见即使是不含任何有价值信息的锚点也会造成人们的锚定偏差。

已有的研究证明，锚定效应在期货投资者群体中也广泛存在，而可能的参考的锚定点则种类繁多，既可以是合约的历史最高价，又可以是自身上次的开仓价，等等。

2.1.2　过度自信

自信本身是一种优秀的个人品质，但是过度自信会让我们失去理智，判断失误进而造成损失。过度自信的研究源于社会心理学，是指由于受到诸如信念、情绪、偏见和感觉等主观心理因素的影响，人们常常过度相信自己的判断能力，高估自己成功的概率和个人获得信息的准确性。在金融领域，研究人员发现，过度自信和证券市场泡沫、企业经营失利以及市场效率低下都有一定的关系。

过度自信一般有下面两种表现形式：一类是优于平均效应；另一类是对自己所得信息精度的高估。

（1）优于平均效应

人们往往觉得自己在很多事上比一般人都要强，觉得自己的能力更强、颜值更高、更加聪明，等等。然而客观上，在任何一项能力上永远只会有50%的人会比一般人要好，所以这显然是一个错觉。我们常常会觉得这种人是"没有自知之明"，但是事实上几乎所有人都避免不了这种认知偏差，只是程度不同罢了。

（2）对信息精度的高估

这种类型的过度自信主要是指人们会对自己所得信息的准确性有过高的估计。例如一个经典的实验（Meir Statman，2019）要求人们对尼罗河的长度估计出一个区间，保证这个区间有90%的概率包含尼罗河真正的长度。对于这个实验，从理性角度来看区间估计越宽越好，但是实验结果显示被试者估计的区间都相对过窄，只有50%的人给出的区间包含了正确的长度数字，这说明人们对自己的估值的准确度都过度自信了。

2.1.3　损失厌恶

损失厌恶是指人们面对同样数量的收益和损失时，损失带来的痛苦要远大于同等收益带来的喜悦。实验证明，损失所带来的负效用达到了等量收益所带来的正效用的 2.5 倍。损失厌恶最早源于特沃斯基和卡尼曼的前景理论，同时它也是前景理论的核心思想之一。

特沃斯基和卡尼曼（1974）通过下面的对照实验，观察到了这种损失厌恶的心理。该实验分为两个部分。

第 1 组实验：实验一开始，被试团体中每人都持有 1000 元的现金，并在此基础上从下面 A 和 B 两项中做出选择。

A. 50% 的概率将持有的现金增加为 2000 元。

B. 100% 的概率将持有的现金增加为 1500 元。

在第 1 组实验中，被试团体中 16% 的人选择了 A，84% 的人选择了 B。

第 2 组实验：同一个被试团体中每人都持有 2000 元的现金，同样在下面的 C 和 D 选项中做出选择。

C. 50% 的概率损失 1000 元现金

D. 100% 的概率损失 500 元现金

在第 2 组实验中，被试团体中 69% 的人选择了 C，31% 的人选择了 D。

两组实验中，A 选项和 C 选项最终持有现金是 1000 元或 2000 元的概率都是 50%。相对地，选项 B 和选项 D 最终手中持有的现金是 1500 元的概率是 100%。也就是说，被实验的团体在有可能获得利益时倾向于选择低风险，而在有可能遭受损失时却是风险喜好的。

2.2 投资者存在的行为偏差

2.2.1 过度交易

过度交易，顾名思义是指短时间内来回进行次数过多的交易。而这种过度交易往往并不会提升投资收益。在期货市场上表现为投资者在一定时间内进行大量开仓和平仓的操作。

过度交易行为往往是受到新闻报道的影响或者市场行情剧烈波动的刺激，同时伴随着过度自信心理，导致投资者急于入场谋利或者出场止损从而进行大量的交易。但是投资者的每一笔交易都伴随着交易成本（在期货市场上主要是交易手续费），过度交易会直接造成投资者在手续费上的损失。由于最终的结果并没有带来投资者收益上的改进，所以过度交易普遍被认为是一种投资者行为偏差。

2.2.2 处置效应

1998 年，美国行为金融学家奥丁（Odean）在研究了 10000 位个人投资者的交易记录后发现，相对于亏损的股票，投资者更倾向于卖出那些上涨的股票。当股票价格高于买入价（即主观上处于盈利）时，投资者是风险厌恶者，希望锁定收益；而当股票价格低于买入价（即主观上处于亏损）时，投资者就会转变为风险喜好者，不愿意承认自己的亏损，进而拒绝实现亏损。当投资者的投资组合中既有盈利股票又有亏损股票时，投资者倾向于较早卖出盈利股票，而将亏损股票保留在投资组合中，回避损失，这就是所谓的处置效应。已有的研究证明，我国期货市场上的投资者存在显著的处置效应，同时处置效应也造成了期货投资者的福利损失。

2.2.3　羊群效应

羊群效应，主要是指人们会倾向于跟随大众的选择而不是遵循自己的分析和判断。这种从众性不仅仅表现在人类社会中，在其他的动物群体中更加普遍，比如羊群、牛群、鱼群以及鸟群等。对羊群效应的研究由来已久，法国心理学家古斯塔夫·勒庞（Gustave Le Bon）在 1895 年出版的著作《乌合之众：大众心理研究》这本书中就详细讨论了这种盲目从众的行为，并且首次提出了群众思维这种群体集聚后失去理性的现象。

任何集体活动的背后都有羊群效应的身影，我们总是选择客人多的饭馆吃饭、去火爆的奶茶店排队、去看大家都看的电视剧，虽然这些从众行为可能是良性的或者有些许理性的成分在，但是我们也常常在从众心理下失去理性甚至受到伤害，比如学生中的跟风攀比、网络上的语言暴力、股市上的追涨杀跌等。

股票或者楼市价格通常在人们的疯狂买入中快速上升，最终造成泡沫。许多研究者在对这些泡沫现象进行研究后发现，羊群效应在这些资产泡沫形成的过程中扮演着重要的角色，比如 17 世纪著名的荷兰郁金香疯狂炒作的事件、美国大萧条前的股市泡沫、20 世纪 90 年代的日本房地产泡沫，以及 20 世纪末的互联网泡沫等。

第**3**章
期货市场投资者的过度自信研究

　　过度自信是指人们在决策时过度相信自己的判断能力和所掌握的私人信息，高估自己决策的成功机会的一种非理性心理。对于这种心理，学者们主要从实证检验、产生和影响机理以及长期存在性三个方面进行了研究。

　　检验过度自信心理在金融市场中是否存在很有必要，但由于心理行为的复杂性，无法直接证实这种心理的存在，学者们一般使用统计或计量的方法去检验由这种心理造成的某些变量之间的相关关系，从变量之间相关关系的特征"侧面"去证实这种心理的存在。如奥丁（1999）从投资者交易量和收益率之间的关系来检验过度自信心理是否存在，检验发现，随着投资者交易量增加，而收益率没有上升，从而认为市场在一定程度上存在过度自信心理。斯塔特曼、索利和沃金科（Statman，Thorley and Vorkink，2006）则使用向量自回归和脉冲响应函数，研究了单个证券交易量与市场收益率、单个证券滞后收益率之间的关系，结果表明，变量之间存在显著的正相关关系，也从一个侧面证实了投资者存在过度自信心理。过度自信心理的产生和影响机理也是学者们探讨的重要问题，出现了一些有代表性的研究成果，如奥丁（1998）总结了之前学者们研究过度自信心理产生的原因及影响的相关文献，并在此基础上，建立了过度自信的价格接受者、内部交易者和做市商三种不同交易主体对金融市场造成不同影响的数理模型，得出了过度自信会增加市场交易量和市场深度、加大市场波动和对市场效率造成不同影响等一系列结论。丹尼尔、赫什莱弗和苏布拉马尼亚姆（Daniel，Hirshleifer and Subrahmanyam，1998）建立的 DHS 模型把投资者分为两类——存在过度自信和自我归因心理的非知情交易者和知情交易者，分别从投资者信心不发生变化和投资者信心依赖于结果变化两种情况，分析了由这些心理因素造成的市场的反应过度和反应不足行为，进而探讨了这些行为对股价和收益率的影响。柯和黄（Ko and Huang，2007）重点分析了过度自信对市场有效性的影响，他们建立的模型表明，在过度自信的程度不是很高的情况下，由于过度自信会引进更多的信息进入市场而只产生微弱的价格误判效应，所以过度自信市场总体上比起理性的市场更能增进市场的效率。我国学者在过度自信的影响方面也有一些突出的学术成果，如杨春鹏和吴冲锋（2005）根据卡尼曼和特沃斯基的展望理论，建立了含有过度自信心理的股票的展望价值模型，在此模型上研究了过度自信、自我归因心理和正反馈交易行为的相互关系问题。陈其安和曹其华（2006）基于过度自信程度取决于行为人过去经历的假设，建立了基金经理人过去成败经历影响其过度自信心理进而影响其投资行为的数学模型，以此分析此情况下股票市场和基金经理人业绩的表现。文凤华和黄德龙等（2007）使用数值模拟的方法，对投资者受过度自信与后悔厌恶影响下的收益率分布进行了模拟，以此来分析过度自信对市场的影响情况。过度自信心理如果存在，并对市场有重要影响，那这种心理能否长期存在，对市场的影响是否长久？这就涉及过度自信心理交易者在市场中的表现好坏及其长期存在性的问题，一些学者也对此进行了研究。如王（Wang，2001）运用演化博弈模型，分析了股票市场中过度自信交易者和理性交易者的演化状态，通过分析不同情况下过度自信交易者和理性交易者的表现孰优孰劣，对过度自信交易者与理性交易者在股票市场中的存在性问题进行了深入的探讨。赫什莱弗和罗（Hirshleifer and Luo，2001）构建了一个解释过度自信交易者存在性的动态模型，分析表明，在由噪声交易者造成的资产价值误估方面，过度自信交易者的表现会优于纯理性交易者，过度自信交易者存在的人数比例取决于风险厌恶程度、噪声交易的波动性、证券收益率的波动性和过度自信的强烈度等多方面因素，但过度自信交易者总会长期存在于稳定的市场均衡状态下。与利用博弈等数理方法推导出过度自信交易者的表现好坏不同，比亚斯等（Biais et al.，2005）使用的是调查问卷结合实验的方法，分别研究了错误估计信息误差的过度自信交易者和自我控制交易者的市场表现，他们的结果显示过度自信的交易者会陷入"赢者的诅咒"困境，而自我控制的交易者则会通过有策略的交易获得优厚的回报，这个结果暗示着过度自信交易者在市场中是处于劣势的。

过度自信心理虽然是行为金融学各种非理性心理中研究相对较为成熟的一种心理因素，但由于心理行为的复杂性和难以观察性，上述研究基本上都还只局限在股票证券市场，对于期货市场的研究目前并没有找到太多的研究成果。以国内学者对于期货市场过度自信心理的研究来看，姜丕臻（2004）提出了期货投资者在决策中存在包括过度自信等种种心理因素，但并没有对这种心理如何影响期货市场作出具体说明。蒋舒和吴冲锋（2007）从跨市套利的角度研究国内外期货市场的关联性。在基于国内投机者对于国内外市场价格波动的评估存在差异的假设下，利用丹尼尔、赫什莱弗和苏布拉马尼亚姆（1998）提出的 DHS 模型解释了国内市场对信息的反应滞后于国际市场的微观原因，这是国内学者利用过度自信心理解释期货市场交易者行为的首次探讨。刘志新、薛云燕（2007）使用与奥丁（1999）类似的方法，首次对我国商品期货市场即日交易者的过度自信心理进行了实证检验，通过对即日交易者交易频率和收益情况的实证分析，证实此类交易者确实存在过度自信心理，这为我们研究期货市场中的过度自信心理的必要性提供了一定的经验支持。

综上所述，尽管过度自信心理的研究已经取得了一定的成果，但关于期货市场中的过度自信心理研究的成果尚显不足。由于期货投资与股票投资存在巨大差异，期货市场上的过度自信心理会如何影响期货的交易和价格的形成，这是一个比较新的问题。本章节尝试结合期货市场的特点，建立过度自信心理影响期货市场价格的数理模型，据此分析过度自信心理对期货价格所造成的影响，最后再利用模拟的方法对模型的结论进行验证。

3.1　期货投资者过度自信行为的实证检验

3.1.1　数据来源和研究方法

（1）数据来源和初步处理

在对我国期货市场投资者是否存在过度自信的研究中，所使用的数据来自国内某期货公司从 2020 年 11 月初到 2021 年 4 月底合计 5 个月的分账户交易数据，数据共包含自然人账户 296 个，交易数据覆盖四大期货公司共 62 种期货产品，总的买卖记录有 80 多万条。

基于研究需要，我们剔除了数据中交易有大量缺失的账户数据，一方面是为了减轻极端不活跃账户对研究结果的影响，另一方面是筛除掉一批在研究时间段中期才开户的账户。最终得到交易数据包含 198 个自然人账户共 123 个交易日的交易数据。

（2）研究方法

在对过度自信的研究方面，国内外对其进行实证检验的方法主要有两种：一种是奥丁（1999）通过过度交易来研究过度自信的方法；另一种是斯塔特曼（Statman，2006）提出的一个实证研究范式，运用的是整体市场的换手率与收益率的向量自回归模型，并进一步利用格兰杰因果检验以及脉冲响应函数检验来验证过度自信偏差的存在。

本书借鉴了奥丁（1999）对过度交易的研究方法，将期货市场的个人投资者账户按照交易频率高低进行分组，然后分别对每组进行投资表现的统计分析，如果投资频率越高的组在投资收益上的表现反而越差，即说明该投资群体存在过度交易进而证明其存在过度自信的心理偏差。

①按照个人投资者的交易频次高低进行分组。在对投资者的交易频次

进行高低分组时，可以采用两种方法：一种方法是按照每日的交易次数来分组，且每个交易日处理一次，这也是刘志新和薛云燕（2007）在研究中采用的方法；另一种方法则按照整个研究周期内每个账户的日均交易次数来分组，这种分组方法的优势在于识别出的高频、中频或者低频的账户是某个确定的个体，而第一种方法识别出的不同交易频次的组内成员每天都会有变动。

由于过度自信的研究对象实际是某位个体或者某个群体，所以要求分组方法能确定性地把该群人识别出来，基于该原因本书选择使用研究时间段内每个账户的日均交易频数（不考虑该投资者没有买卖的交易日）来对账户的交易频次进行高中低分组。日均交易次数的计算公式如下：

$$T_i = \frac{\sum_{j=1}^{j} t_j}{D_i} \qquad (3-1)$$

T_i 为账户 i 在该时间段内的日均交易次数。j 为研究时间段总的开盘天数，t_j 为账户 i 在第 j 日的交易次数，D_i 为账户 i 在研究时间段内有交易的天数。

然后根据账户 T_i 的高低排序对账户进行分组，对于每一组都进行如下的统计：

$$F = \frac{\sum_{i=1}^{K} T_i}{K} \qquad (3-2)$$

F 为该组的组内账户日均交易次数，K 为该组账户的总数。

②对收益的衡量。在对我国期货投资者的投资收益进行统计时，本书使用投资者的日均投资的盈利或者亏损的金额来衡量投资收益指标。统计的过程也考虑了投资交易的费用，分别对考虑交易费用和不考虑交易费用两种情况进行了统计，最终得到高频组、中频组和低频组的组内账户日均收益和组内账户日均净收益。具体的计算过程如下：

$$P_i = \frac{\sum_{j=1}^{j} R_j}{D_i} \qquad (3-3)$$

$$TC_i = \frac{\sum_{j=1}^{j} C_j}{D_i} \qquad (3-4)$$

$$PA = \frac{\sum_{i=1}^{K} P_i}{K} \qquad (3-5)$$

$$NPA = \frac{\sum_{i=1}^{K} (P_i - TC_i)}{K} \qquad (3-6)$$

P_i 为账户 i 在研究时间段内的日均收益（不计算该账户没有买卖的交易日），j 为研究时间段内总的开盘天数，R_j 为账户 i 在第 j 个交易日的盈亏金额，D_i 为账户 i 在研究时间段内有交易的天数。

TC_i 为账户 i 在该时间段内的日均交易费用（不计算该账户没有买卖的交易日），C_j 为账户 i 在第 j 个交易日的交易费用。

PA 为该组的组内账户日均收益，NPA 为该组的组内账户日均净收益，K 为该组账户的总数。

3.1.2 实证结果与分析

本书利用奥丁（1999）采用的方法对初步处理后的数据进行分组和统计，根据统计得到的账户日均交易次数从高到低，将整体用户等分成了三组，每组包含 66 个账户，具体情况如表 3-1 所示。

表 3-1 三组账户的分组情况

指标	高频组	中频组	低频组
账户数	66	66	66
日均交易次数	78.64	36.72	20.93

分别对上述三组进行收益的计算统计，得到的结果如表 3-2 所示。

表 3 - 2　　　　三组账户的组内账户日均收益和组内账户日均净收益　　　单位：元

组别	组内账户日均收益	组内账户日均净收益
高频组	− 12.97	− 361.23
中频组	− 428.24	− 613.33
低频组	284.03	151.35

本书采用组内账户日均收益除以组内账户日均手续费来衡量每组的投资效率，结果如表 3 - 3 所示。

表 3 - 3　　　　　　　　三组账户的投资效率对比

组别	组内账户日均收益（元）	组内日均手续费（元）	投资效率（日均收益/日均手续费）
高频组	− 12.97	348.26	− 0.04
中频组	− 428.24	185.10	− 2.31
低频组	284.03	132.68	2.14

本书还对这些自然人账户中的男女投资者分别进行了统计，发现女性投资者的过度自信程度明显低于男性，投资表现也更好。具体结果如表 3 - 4 所示。

表 3 - 4　　　　男性和女性投资者的交易次数和投资收益对比

投资者性别	日均交易次数	组内账户日均收益（元）	组内日均手续费（元）	组内账户日均净收益（元）
男	47.73	− 235.94	238.25	− 474.19
女	37.81	554.13	168.37	385.77

结合表 3 - 1 和表 3 - 2 的统计结果可知，高、中、低频三组的组内账户日均交易次数区别明显，其中高频组的组内账户日均交易次数是中频组

的 2 倍多,中频组的组内账户日均交易次数是低频组的 1.8 倍左右。

高、中、低频三组的组内账户日均收益和组内账户日均净收益都有很明显的区别。对于组内账户日均收益这个统计量来说,高频组和中频组的盈亏表现明显比低频组差,低频组的组内账户日均收益为正,而高频组和中频组的组内账户日均收益都为负数,这二者中又以中频组的表现最差,亏损的金额达到高频组亏损金额的 36 倍多。在扣除手续费后计算得到的组内账户日均净收益这个统计量上,三组的表现情况仍然是低频组表现最好,高频组次之,中频组最差。但是在手续费扣除后高频组和低频组在金额的绝对值差距和倍数差距上有所缩小。

上述结果表明,高频组和中频组的投资者都存在过度自信偏差,这两组账户都表现出了明显的过度交易,但是获得的收益远远没有低频次交易的收益表现好。而高频组的表现却比中频组的表现要好,说明高频组的过度自信是要弱于中频组的,这与过度自信已有的研究结论相一致,即交易者的过度自信程度一开始会随着交易次数的增加而增加,但是随着交易经验的积累,其过度自信程度会随着交易次数的增加而减少。经验丰富的投资者比经验少的投资者更不容易出现过度自信偏差。

从表 3-3 中计算得到的投资效率来看,三组中仍然是低频组的投资效率最高,即单位手续费获得的投资回报更高。中频组的投资效率仍然是最差的,而且同其他两组的差距明显,中频组的净亏损中有近 1/3 来自手续费支出,说明中频组中的投资者在投资中过度交易且相对忽视了手续费带来的成本。

从表 3-4 对男性和女性投资者进行的统计结果可以看出,男性投资者的日均交易次数比女性多 10 次,但是投资的表现却差很多,无论是组内日均收益还是组内日均净收益,男性投资者都为负数,和女性投资者的正收益对比强烈。而且男性投资者亏损的金额中近乎一半都用来支付手续费了。

过度自信不仅仅是对投资者个人有经济利益上的损害,由此造成的过度交易还对市场价格形成了负面的冲击。已有的大量研究早已证明,交易量的提升会推高市场价格，这显然脱离了市场合理的定价机制，同时交易量的过度提升还会加剧市场价格的波动程度。无论是价格的偏离还是波动性的增加都不是我们希望看到的。

3.1.3 结论分析

通过对期货公司自然人账户的交易数据的统计分析，本书验证了在期货市场中的个人投资者确实存在着过度自信。而且过度自信的程度在投资者中是先增后减的趋势。同时研究也发现，男性投资者的过度自信问题相较女性投资者来说更加严重，这也符合我们对男女性投资者投资风格的普遍认知。

投资者在过度自信偏差下普遍存在的过度交易行为明显是不理性也是不健康的，这就要求我国的期货市场应该对投资者进行期货投资知识的普及，避免这种过度投机的风气。这既对中国期货市场整体发展有益，又是对期货市场投资者的一种保护。

3.2　过度自信影响期货市场价格的数理模型分析

3.2.1　过度自信投资者的交易行为分析

斯托尔（Stoll，1968）与穆萨和阿尔洛尼（Moosa and Al - loughani，1995）分别考察了外汇期货市场和石油期货市场，从投机和套利的角度，提出了一个关于期货价格决定的市场均衡模型。模型把期货市场的交易者分为投机者和套利者两大交易主体，套期保值者本质上可以归入投机者或套利者类型中，两大交易主体具有不同的交易策略，由此形成对期货合约的不同的需求函数，两大交易主体需求函数的均衡就决定了期货合约的均衡价格。本书按照该分析思路，把期货市场的交易主体分为投机者和套利者两大类，分别对具有过度自信心理的两大交易主体的交易行为（购买方向和购买数量）进行分析，在导出他们的决策函数后，按照市场出清的条件得出市场均衡时的期货价格，以此分析过度自信心理对期货价格决定的影响。

（1）过度自信投机者的交易行为分析

设现在的期货价格为 F_t，现在的现货价格为 S_t。期货合约在 T 期到期，到期的期货价格为 F_T，到期的现货价格为 S_T。因为到期的期货价格会向商品的现货价格收敛，在不考虑交易成本等因素情况下，有 $F_T = S_T$。假设 t 时刻发生了某些事件，带来了市场环境的不确定变化。这些事件使得 T 期的现货价格变为 $\widetilde{S}_T$，$\widetilde{S}_T$ 为随机变量，其概率分布假设为 $\widetilde{S}_T \sim N(\overline{S}_T, \sigma_s^2)$。

投机者为单向交易者，其购买期货合约的策略为，预期 T 期的价格上涨时买进，价格下跌时卖出，以期能到时通过价格之间的差价获利。按照这种盈利策略，投机者的交易需求为 $Q^s = \alpha^s(F_T - F_t) = \alpha^s(S_T - F_t)$，$\alpha^s > 0$。

假设市场上有 N_1 个期货合约投机者，第 i 个投机者的效用函数为一个负指数风险厌恶效用函数：$U_i^s(W) = -\exp\{-a_i^s W\}$，$a_i^s > 0$。其中 W 表示财富值，a_i^s 表示第 i 个投机者的风险厌恶系数。

对于投机者 i 而言，其关注的是到期的现货价格 S_T 的信息。由于个人获取信息的能力和途径有限，投机者 i 获得的信息不一定是 $\widetilde{S}_T$，而是 $\widetilde{M}_i^s = \widetilde{S}_T + \widetilde{\varepsilon}_i^s$，$\widetilde{\varepsilon}_i^s \sim N(0, \sigma_{ei}^{s2})^{\sigma_{ei}^{s2}}$ 其中 $\widetilde{\varepsilon}_i^s$ 为投机者 i 通过个人渠道收集信息的误差，$\widetilde{\varepsilon}_i^s$ 和 $\widetilde{S}_T$ 相互独立。由于存在过度自信心理，投机者 i 虽然知道他获得的信息与真实的信息存在偏差，但他对自己获得信息的判断为 $\widetilde{M}_i^{se} = \widetilde{S}_T + k_i^s \widetilde{\varepsilon}_i^s$，$0 \leq k_i^s \leq 1$。$k_i^s$ 表示投机者 i 的过度自信程度，k_i^s 越小表明投机者 i 越自信。

设 W_{Ti}^s 为投机者 i 参与买卖合约的到期收益，在 t 期投机者 i 的期货合约交易量为 Q_i^s。在投机者获得 S_T 的信息的实现值为 m_i^s 情况下，投机者面临的问题是如何选择交易量使得他的效用最大化，即 $\max\limits_{Q_i^s} E\langle -\exp\{ -a_i^s\ \widetilde{W}_{Ti}^s\}\mid\widetilde{M}_i^{se}=m_i^s\rangle$。按照正态分布函数的性质，有 $\widetilde{M}_i^{se}\sim N(\overline{S}_T,\ \sigma_s^2+k_i^{s^2}\sigma_{\varepsilon i}^{s^2})$。在得到信息实现值为 m_i^s 的情况下，投机者对到期现货价格的期望值和方差为

$$E\langle\ \widetilde{S}_T\mid\widetilde{M}_i^{se}=m_i^s\rangle=\overline{S}_T+\frac{\sigma_s^2}{\sigma_s^2+k_i^{s^2}\sigma_{\varepsilon i}^{s^2}}\cdot(m_i^s-\overline{S}_T)\qquad(3-7)$$

$$Var\langle\ \widetilde{S}_T\mid\widetilde{M}_i^{se}=m_i^s\rangle=\frac{\sigma_{\varepsilon i}^{s^2}\cdot\sigma_s^2}{(1/k_i^{s^2})\cdot\sigma_s^2+\sigma_{\varepsilon i}^{s^2}}\qquad(3-8)$$

由对数正态分布的性质，可得：

$$E\langle U_i^s(\ \widetilde{W}_{Ti}^s)\mid\widetilde{M}_i^{se}=m_i^s\rangle=E\langle-\exp\{-a_i^s\ \widetilde{W}_{Ti}^s\}\mid\widetilde{M}_i^{se}=m_i^s\rangle$$

$$=-\exp\Big\{-a_i^sQ_i^s\cdot\Big[\overline{S}_T-F_t+\frac{\sigma_s^2}{\sigma_s^2+k_i^{s^2}\sigma_{\varepsilon i}^{s^2}}\cdot(m_i^s-\overline{S}_T)\Big]$$

$$+\frac{a_i^{s^2}\ Q_i^{s^2}}{2}\cdot\frac{\sigma_{\varepsilon i}^{s^2}\cdot\sigma_s^2}{(1/k_i^{s^2})\cdot\sigma_s^2+\sigma_{\varepsilon i}^{s^2}}\Big\}\qquad(3-9)$$

求解 $\max\limits_{Q_i^s}E\langle-\exp\{-a_i^s\ \widetilde{W}_{Ti}^s\}\mid\widetilde{M}_i^{se}=m_i^s\rangle$，从而得到投机者 i 的最优交易期货合约数量：

$$Q_i^{s*}=(A_i^s)^{-1}\cdot\big[\ \overline{S}_T-F_t+B_i^s\cdot(m_i^s-\overline{S}_T)\big]\qquad(3-10)$$

其中，$A_i^s=\dfrac{a_i^s\cdot\sigma_{\varepsilon i}^{s^2}\cdot\sigma_s^2}{(1/k_i^{s^2})\cdot\sigma_s^2+\sigma_{\varepsilon i}^{s^2}}$，$B_i^s=\dfrac{\sigma_s^2}{\sigma_s^2+k_i^{s^2}\sigma_{\varepsilon i}^{s^2}}$。$A_i^s$ 是风险厌恶系数 a_i^s 与投机者 i 认为的到期现货价格的不确定性 $Var\langle\ \widetilde{S}_T\mid\widetilde{M}_i^{se}=m_i^s\rangle$ 的乘积，衡量的是投机者 i 对于交易此期货合约的风险厌恶度；B_i^s 是真实信息的方差占投机者认为其获得信息的方差的比重，可以看作投机者 i 认为其获得信息的准确性程度。可以看出，投机者过度自信心理越强，即 k_i^s 越小，一方面会导致他的风险厌恶度变小（A_i^s 值越小），另一方面会使他认为其获得信息的准确度变高（B_i^s 值越大），从而导致他的交易合约量 Q_i^{s*} 变得越多。

（2）过度自信套利者的交易行为分析

套利者为双向交易者，假设套利者是在期货市场和现货市场之间套

利，对于套利者而言，其主要关注的是理论的无风险套利均衡价格（以下简称套利均衡价格）和实际价格之间的差价，通过这两个价格之间的差价同时在两个市场上进行相反方向的买卖即可实现到期套利。按照持有成本理论，设期货的理论价格为 $F_t^* = S_t + C_{T-t}$，其中 C_{T-t} 为从 t 期至期货合约到期的持有成本。套利者买卖合约的盈利策略为，如果现在的期货价格 $F_t < F_t^* = S_t + C_{T-t}$，则说明持有期货合约要比存储商品的成本低，所以套利者会买进期货合约，卖出商品，通过到期交易实现套利；相反，如果现在的期货价格 $F_t > F_t^* = S_t + C_{T-t}$，则套利者会进行相反的操作。基于上述策略，套利者对期货合约的交易需求为 $Q^a = \alpha^a (F_t^* - F_t) = \alpha^a (S_t + C_{T-t} - F_t)$，$\alpha^a > 0$。

设市场上有 N_2 个期货合约套利者。由于事件带来了市场环境的不确定变化，这些事件也使得持有成本 C_{T-t} 变为不确定的随机变量 $\tilde{C}_{T-t}$，假设 $\tilde{C}_{T-t} \sim N(\overline{C}, \sigma_c^2)$。套利者 i 关注的是持有成本的信息，其获得的信息的情况为 $\tilde{M}_i^a = \tilde{C}_{T-t} + \tilde{\varepsilon}_i^a$，$\tilde{\varepsilon}_i^a \sim N(0, \sigma_{\varepsilon i}^{a2})$。其中 $\tilde{\varepsilon}_i^a$ 为套利者通过个人渠道收集信息的误差，$\tilde{\varepsilon}_i^a$ 和 $\tilde{C}_{T-t}$ 相互独立。同样由于存在过度自信心理，投机者 i 对其得到的信息的判断为 $\tilde{M}_i^{ae} = \tilde{C}_{T-t} + k_i^a \tilde{\varepsilon}_i^a$，$0 \leq k_i^a \leq 1$。

设 W_{Ti}^a 为套利者 i 参与买卖合约的到期收益。在 t 期套利者 i 的期货合约交易量为 Q_i^a。在套利者获得持有成本信息的实现值为 m_i^a 时，套利者面临的问题是如何选择交易量使得他的效用最大化。同理可以算得

$$E\langle U_i^a(\tilde{W}_{Ti}^a) \mid \tilde{M}_i^{ae} = m_i^a \rangle = E\langle -\exp\{-a_i^a \tilde{W}_{Ti}^a\} \mid \tilde{M}_i^{ae} = m_i^a \rangle$$

$$= -\exp\left\{ -a_i^a Q_i^a \cdot \left[\overline{C} + S_t - F_t + \frac{\sigma_c^2}{\sigma_c^2 + k_i^{a2} \sigma_{\varepsilon i}^{a2}} \cdot (m_i^a - \overline{C}) \right] \right.$$

$$\left. + \frac{a_i^{a2} Q_i^{a2}}{2} \cdot \frac{\sigma_{\varepsilon i}^{a2} \cdot \sigma_c^2}{(1/k_i^{a2}) \cdot \sigma_c^2 + \sigma_{\varepsilon i}^{a2}} \right\} \tag{3-11}$$

求 $\max\limits_{Q_i^a} E\langle -\exp\{-a_i^a \tilde{W}_{Ti}^a\} \mid \tilde{M}_i^{ae} = m_i^a \rangle$

得到套利者 i 的最优交易期货合约数量：

$$Q_i^{a*} = (A_i^a)^{-1} \cdot [\overline{C} + S_t - F_t + B_i^a \cdot (m_i^a - \overline{C})] \tag{3-12}$$

其中，$A_i^a = \dfrac{a_i^a \cdot \sigma_{\varepsilon i}^{a2} \cdot \sigma_c^2}{(1/k_i^{a2}) \cdot \sigma_c^2 + \sigma_{\varepsilon i}^{a2}}$ 表示的是套利者对交易期货合约的风险厌恶

度；$B_i^a = \dfrac{\sigma_c^2}{\sigma_c^2 + k_i^{a^2} \sigma_{\varepsilon i}^{a^2}}$ 表示的是套利者 i 认为其获得信息的准确程度。同样可以得出结论，套利者的过度自信心理越强，其合约交易量就越多。

3.2.2　期货均衡价格决定

按照市场均衡理论，期货价格取决于合约买方和卖方供求双方达成的均衡。由前面的分析可知，所有投机者的期货合约交易量为

$$Q^s = \sum_{i=1}^{N_1} Q_i^{s*} = \sum_{i=1}^{N_1} (A_i^s)^{-1} [\bar{S}_T - F_t + B_i^s \cdot (m_i^s - \bar{S}_T)] \quad (3-13)$$

所有套利者的期货合约交易量为

$$Q^a = \sum_{i=1}^{N_2} Q_i^{a*} = \sum_{i=1}^{N_2} (A_i^a)^{-1} [\bar{C} + S_t - F_t + B_i^a \cdot (m_i^a - \bar{C})]$$

$$(3-14)$$

此外，假设市场上存在 $\tilde{Z}_t$ 个噪声交易量，$\tilde{Z}_t$ 的概率分布假设为 $\tilde{Z}_t \sim N(0, \sigma_z^2)$。存在噪声交易量的原因是，市场中有些交易主体的交易行为并不是基于信息做出的决策，如有些套期保值者的交易头寸和方向可能是固定的，不会基于信息的变化而作出调整，另外也存在一些非理性交易主体，他们的交易行为并非基于市场信息而是基于其他的噪声信息。当市场出清时，所有买卖合约达成交易，即 $Q^s + Q^a + \tilde{Z}_t = 0$。由此解得 t 期期货合约的均衡价格为

$$\tilde{F}_t = (\sum_{i=1}^{N_1} A_i^{s-1} + \sum_{i=1}^{N_2} A_i^{a-1})^{-1} \cdot \{\sum_{i=1}^{N_1} (A_i^s)^{-1} [\bar{S}_T + B_i^s \cdot (m_i^s - \bar{S}_T)]$$

$$+ \sum_{i=1}^{N_2} (A_i^a)^{-1} [\bar{C} + S_t + B_i^a \cdot (m_i^a - \bar{C})] + \tilde{Z}_t\} \quad (3-15)$$

为简化分析，假设市场上只存在一个投机者和一个套利者，即 $N_1 = 1$ 和 $N_2 = 1$，这一个投机者和套利者可看作市场上的投机者和套利者整体。他们获得的信息 m^s 和 m^a 为整个交易者整体的平均信息，由于每个交易者获得的信息没有系统偏差，所以可认为 $m^s = \bar{S}_T$，$m^a = \bar{C}$。此情况下，投机

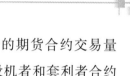

者的期货合约交易量为 $Q^s = (A^s)^{-1}(\overline{S}_T - F_t)$，套利者的期货合约交易量
为 $Q^a = (A^a)^{-1}(\overline{C} + S_t - F_t)$，$(A^s)^{-1}$ 和 $(A^a)^{-1}$ 分别为投机者和套利者合约
需求函数的斜率，可以看作他们的需求弹性的表征。市场均衡时，期货合
约的均衡价格为

$$\widetilde{F}_t = (A^{s-1} + A^{a-1})^{-1} \cdot [A^{s-1} \cdot \overline{S}_T + A^{a-1} \cdot (\overline{C} + S_t) + \widetilde{Z}_t] \qquad (3-16)$$

3.2.3　过度自信心理对期货价格的影响

（1）对均衡期货价格均值的影响

由期货的均衡价格公式可得 t 期期货价格的均值为

$$E[\widetilde{F}_t] = \frac{A^{s-1}}{A^{s-1} + A^{a-1}} \cdot \overline{S}_T + \frac{A^{a-1}}{A^{s-1} + A^{a-1}} \cdot (\overline{C} + S_t) \qquad (3-17)$$

由式（3-17）可知，均衡的期货价格介于到期的现货价格的均值 $\overline{S}_T$
和套利均衡价格均值 $(\overline{C} + S_t)$ 之间，期货合约的均值更靠近 $\overline{S}_T$ 还是
$(\overline{C} + S_t)$ 取决于投机者和套利者需求弹性的大小。如果投机者的需求弹性
相对于套利者的需求弹性较大，则 $\dfrac{A^{s-1}}{A^{s-1} + A^{a-1}}$ 相对较大，均衡期货价格接
近于 $\overline{S}_T$；相反，如果套利者需求弹性大，则均衡期货价格接近于 $(\overline{C} +
S_t)$。由于 $(A^s)^{-1}$ 是 k^s 的减函数，即投机者过度自信程度越大（k^s 越小），
则其相应的需求弹性越大；同样，套利者过度自信程度越大，其需求弹性
也越大。

综上可得出结论，投机者的过度自信心理越强，越会增大投机交易的
需求弹性，从而促使均衡的期货价格越接近于到期的现货价格的均值 $\overline{S}_T$；
而如果套利者的过度自信心理越强，越会增大套利交易的需求弹性，促使
均衡的期货价格越接近于套利均衡价格 $(\overline{C} + S_t)$。

（2）对均衡期货价格波动的影响

由期货的均衡价格公式可算得 t 期期货合约的方差为

$$Var[\widetilde{F}_t] = (A^{s-1} + A^{a-1})^{-2} \cdot \sigma_z^2 \qquad (3-18)$$

由式（3-18）可知，投机者和套利者过度自信程度越大，则$(A^{s-1} + A^{a-1})^{-2}$越小，从而期货合约的方差越小，即过度自信心理平抑了均衡期货价格的波动性。原因在于过度自信导致交易主体需求弹性变大，使得基于市场信息来决策的交易主体的交易量增加，由此噪声交易产生的波动干扰作用就会相对减弱。

3.3 过度自信影响期货市场价格的模拟分析

由于投资者交易数据难以获得或者模型求解过于复杂，利用模拟的方法研究心理因素对金融市场的影响是一种常用手段，如文凤华和黄德龙等（2007）使用模拟的方法来研究投资者受过度自信与后悔厌恶影响下收益率的分布。为了使模拟的模型接近现实，本书以石油期货市场的现实数据为依据来对模型参数进行赋值和校准。

基于排除其他干扰因素的考虑，本书选取了油价波动较为稳定的1995年全年的WTI原油期货合同1的价格数据和现货价格数据。根据期货价格的数据，把到期的现货价格的均值取为期末的期货数据，即$\overline{S}_T = 19.55$。套利均衡价格$(\overline{C} + S_t)$按照持有成本理论，使用现货价格加上存款利息来近似，即$(\overline{C} + S_t) = S_t(1 + r)^{T-t}$，其中$r$为存储的日利率，参考了美国1995年的存款年利率并考虑到仓储成本因素，取$r = 0.000164$。噪声交易量$\widetilde{Z}_t$的标准差以期货价格的样本标准差近似代替，即$\sigma_z = 0.88$。根据$\widetilde{Z}_t \sim N(0, \sigma_z^2)$，利用EViews生成噪声交易量的随机序列。为了看出过度自信不同程度对期货市场的影响，对不同程度的过度自信程度赋值如下：$k_1^s = k_1^a = 1$（完全理性），$k_2^s = k_2^a = 0.5$（轻度自信），$k_3^s = k_3^a = 0.2$（高度自信）。其他参数与结论的关系不大，为简便起见全部赋值为1。

根据上述参数的赋值以及期货价格决定公式，模拟出在投机者和套利者过度自信程度分别为1、0.5、0.2时的期货价格序列，如图3-1所示。

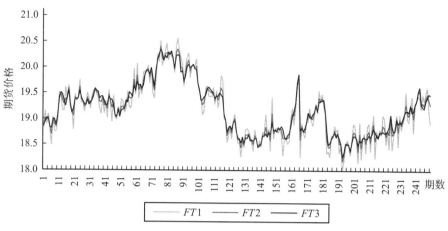

图3-1　不同过度自信程度的期货价格序列

其中，$FT1$ 表示过度自信为 $k_1^s = k_1^a = 1$ 时形成的期货价格，$FT2$ 表示过度自信为 $k_2^s = k_2^a = 0.5$ 时形成的期货价格，$FT3$ 表示过度自信为 $k_3^s = k_3^a = 0.2$ 时形成的期货价格。

在模拟出期货价格的基础上，得出不同过度自信程度的期货交易者的交易量情况，如图 3-2 所示。

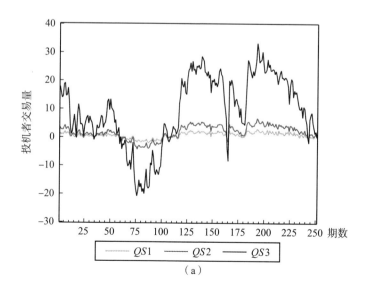

（a）

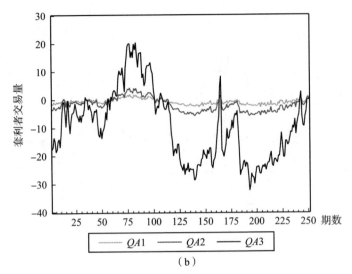

（b）

图 3 - 2　不同过度自信程度的投机者和套利者的交易情况

其中，图 3 - 2（a）为不同过度自信程度的投机者的交易情况，$QS1$、$QS2$、$QS3$ 分别表示投机者过度自信程度 $k_1^s = 1$、$k_2^s = 0.5$、$k_2^s = 0.2$ 的交易情况；图 3 - 2（b）图为不同过度自信程度的套利者的交易情况，$QA1$、$QA2$、$QA3$ 分别表示套利者过度自信程度 $k_1^a = 1$、$k_2^a = 0.5$、$k_2^a = 0.2$ 的交易情况。由图 3 - 2 可以明显看出，过度自信程度越大，投资者的交易波动就越大。为了看出实际交易量的情况，排除交易头寸方向的因素，对序列取绝对值结果，如图 3 - 3 所示。

由图 3 - 3（a）和（b）可以很清楚看出，过度自信程度越大，交易量曲线则越往上，表明投资者的交易量越大。从而模型关于过度自信会增大期货市场交易者的合约交易量的结论得到了验证。

关于期货价格均值随投机者和套利者相对过度自信程度不同而变化的模拟结果如图 3 - 4 所示。

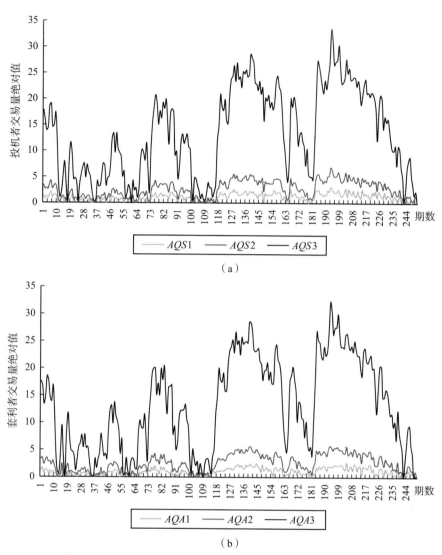

图 3 - 3　不同过度自信程度的投机者和套利者的绝对交易量

图 3 - 4（a）中 ST 表示到期的现货价格的均值 $\overline{S}_T$ 的曲线，SP 表示套利均衡价格（$\overline{C} + S_t$）的曲线，EF1 是投机者过度自信程度为 $k_2^s = 0.2$、套利者过度自信程度为 $k_2^a = 0.5$ 的期货价格均值曲线；图 3 - 4（b）中的 ST 和 SP 的含义同（a）图，*EF2* 表示的是投机者过度自信程度为 $k_2^s =$

0.5、套利者过度自信程度为 $k_2^a = 0.2$ 的期货价格均值序列曲线。可以看出，图3-4（a）图中由于投机者的过度自信程度强于套利者，所以期货价格曲线围绕在 $\bar{S}_T$ 曲线的周围，其值接近于 $\bar{S}_T$；而在（b）图中，由于套利者的过度自信程度强于投机者，所以期货价格曲线围绕在 $(\bar{C} + S_t)$ 曲线的周围，其值接近于套利均衡价格。从而模型的另一结论均衡期货价格均值的高低受投机者和套利者之间过度自信心理程度的影响也得到了验证。

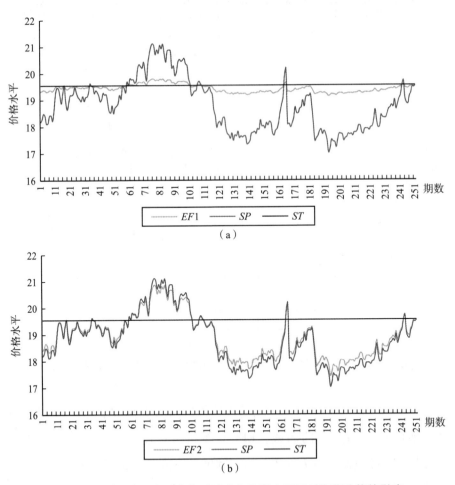

图3-4　投机者和套利者相对过度自信程度不同对期货均值的影响

为了考察过度自信程度对期货价格波动的影响，对图 3 - 1 得到的三条期货价格序列 $FT1$、$FT2$、$FT3$ 求它们的标准差，得到 $\sigma_{FT1} = 0.54$、$\sigma_{FT2} = 0.498$、$\sigma_{FT3} = 0.487$。可以得出期货市场的交易者过度自信程度越强，则期货价格的标准差越小，期货价格的波动越小。从而模型的最后一个结论也得到了验证。

这一部分的研究结合期货市场的特征，借鉴了学者们在研究股票市场时提出的过度自信会造成投资者低估个人信息误差的思路，建立了过度自信心理影响期货价格的数理模型，并利用模拟的方法对模型的结论进行了验证，得出以下几个主要结论。

第一，过度自信会造成期货市场中的投机者和套利者对购买期货合约的风险厌恶度降低和高估其获得的信息的准确度，从而增大他们的合约交易量。

第二，均衡期货价格均值的高低受投机者和套利者之间过度自信心理程度的影响，如果投机者的过度自信程度相对较大，则均衡期货价格的均值接近于到期的现货价格的均值；如果套利者的过度自信程度相对较大，则均衡期货价格的均值接近于持有成本理论价格的均值。

第三，过度自信心理增加了基于市场信息来决策的交易主体的交易量，增强了市场的流动性，从而在一定程度上削弱了由噪声交易引起的价格波动。

3.4　期货投资者过度自信行为的演化博弈分析

3.4.1　过度自信投资者的演化博弈分析

在过度自信心理影响期货价格的数理模型的基础上，为了确定过度自信心理是否可以在期货市场中长期存在，本书使用演化博弈方法对过度自信交易者的复制动态过程进行分析，通过复制动态均衡点的情况判断过度自信心理的长期存在问题。

设市场上有两个博弈种群：投机者和套利者。投机者中有两种策略：过度自信的投机交易策略和理性的投机交易策略。套利者也有两种策略：过度自信的套利交易策略和理性的套利交易策略。实行某种交易策略的人数可以看作具有某种心理特征的交易者的人数。

设投机者的总人数为 N_1，其中使用过度自信交易策略（即过度自信投机者）的人数比例为 $x_1(T)$，使用理性交易策略（即理性投机者）占的人数比例为 $x_2(T)$，$x_1(T) + x_2(T) = 1$；套利者的总人数为 N_2，其中使用过度自信套利策略（即过度自信套利者）的人数比例为 $x_3(T)$，使用理性套利策略（即理性套利者）占的人数比例为 $x_4(T)$，$x_3(T) + x_4(T) = 1$。每一次的期货买卖视为一次博弈过程，通过每一次的期货买卖，随着收益状况的不同，每种交易者的人数比例会发生变化，通过人数比例的演化状态可以分析过度自信的投机和套利策略的长期存在状况，从而可以确定过度自信心理对期货市场的长期影响。

由过度自信投资者行为分析可得以下各交易者的交易策略。

①过度自信投机策略（即过度自信投机者 i 的交易策略）为：

$$Q_1^{i^*} = (A_1^i)^{-1} \cdot [\overline{S}_T - F_t + B_1^i \cdot (m^s - \overline{S}_T)] \qquad (3-19)$$

其中，$A_1^i = \dfrac{a_i^s \cdot \sigma_{\varepsilon i}^{s^2} \cdot \sigma_s^2}{(1/k_1^{i2}) \cdot \sigma_s^2 + \sigma_{\varepsilon i}^2}$，$B_1^i = \dfrac{\sigma_s^2}{\sigma_s^2 + k_1^{i2} \sigma_{\varepsilon i}^2}$，$0 \leqslant k_1^i < 1$。

②理性投机策略（即理性投机者 i 的交易策略）为：

$$Q_2^{i^*} = (A_2^i)^{-1} \cdot [\overline{S}_T - F_t + B_2^i \cdot (m^s - \overline{S}_T)] \qquad (3-20)$$

其中，$A_2^i = \dfrac{a_i^s \cdot \sigma_{\varepsilon i}^{s^2} \cdot \sigma_s^2}{\sigma_s^2 + \sigma_{\varepsilon i}^{s^2}}$，$B_2^i = \dfrac{\sigma_s^2}{\sigma_s^2 + \sigma_{\varepsilon i}^2}$，理性投机者的 $k_2^i = 1$。

③过度自信套利策略（即过度自信套利者 i 的交易策略）为：

$$Q_3^{i^*} = (A_3^i)^{-1} \cdot [\overline{C} + S_t - F_t + B_3^i \cdot (m^a - \overline{C})] \qquad (3-21)$$

其中，$A_3^i = \dfrac{a_i^a \cdot \sigma_{\varepsilon i}^{a^2} \cdot \sigma_c^2}{(1/k_3^{i2}) \cdot \sigma_c^2 + \sigma_{\varepsilon i}^2}$，$B_3^i = \dfrac{\sigma_c^2}{\sigma_c^2 + k_3^{i2} \sigma_{\varepsilon i}^2}$，$0 \leqslant k_3^i < 1$。

④理性套利策略（即理性套利者 i 的交易策略）为

$$Q_4^{i^*} = (A_4^i)^{-1} \cdot [\overline{C} + S_t - F_t + B_4^i \cdot (m^a - \overline{C})] \qquad (3-22)$$

其中，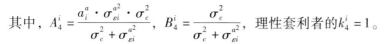$A_4^i = \dfrac{a_i^a \cdot \sigma_{\varepsilon i}^{a2} \cdot \sigma_c^2}{\sigma_c^2 + \sigma_{\varepsilon i}^2}$，$B_4^i = \dfrac{\sigma_c^2}{\sigma_c^2 + \sigma_{\varepsilon i}^{a2}}$，理性套利者的 $k_4^i = 1$。

因为只是分析过度自信心理因素的影响，所以其他的参数在投机者和投机者之间，套利者和套利者之间都假设为一样。

当市场出清时，即

$$\sum_{i=1}^{N_1 \cdot x_1(T)} Q_1^{i*} + \sum_{i=1}^{N_1 \cdot x_2(T)} Q_2^{i*} + \sum_{i=1}^{N_2 \cdot x_3(T)} Q_3^{i*} + \sum_{i=1}^{N_2 \cdot x_4(T)} Q_4^{i*} = 0 \qquad (3-23)$$

得到均衡的期货价格为

$$F_t = \left(\sum_{i=1}^{N_1 \cdot x_1(T)} A_1^{i-1} + \sum_{i=1}^{N_1 \cdot x_2(T)} A_2^{i-1} + \sum_{i=1}^{N_2 \cdot x_3(T)} A_3^{i-1} + \sum_{i=1}^{N_2 \cdot x_4(T)} A_4^{i-1} \right)^{-1} \cdot$$

$$\left\{ \sum_{i=1}^{N_1 \cdot x_1(T)} A_1^{i-1} \left[\bar{S}_T + B_1^i \cdot (m^s - \bar{S}_T) \right] + \sum_{i=1}^{N_1 \cdot x_2(T)} A_2^{i-1} \left[\bar{S}_T + B_2^i \cdot (m^s - \bar{S}_T) \right] + \right.$$

$$\left. \sum_{i=1}^{N_2 \cdot x_3(T)} A_3^{i-1} \left[\bar{C} + S_t + B_3^i \cdot (m^a - \bar{C}) \right] + \sum_{i=1}^{N_2 \cdot x_4(T)} A_4^{i-1} \left[\bar{C} + S_t + B_4^i \cdot (m^a - \bar{C}) \right] \right\}$$

$$(3-24)$$

根据 F_t 可算出不同策略的交易者此次博弈的财富收益。

①过度自信投机策略（过度自信投机者 i）实际期望收益为：

$$E(\tilde{W}_1^i) = E(\tilde{S}_T - F_t) \cdot Q_1^{i*} = (\bar{S}_T - F_t) \cdot Q_1^{i*} \qquad (3-25)$$

②理性投机策略（理性投机者 i）实际期望收益为

$$E(\tilde{W}_2^i) = E(\tilde{S}_T - F_t) \cdot Q_2^{i*} = (\bar{S}_T - F_t) \cdot Q_2^{i*} \qquad (3-26)$$

③过度自信套利策略（过度自信套利者 i）实际期望收益为

$$E(\tilde{W}_3^i) = E(S_t + \tilde{C}_{T-t} - F_t) \cdot Q_3^{i*} = (S_t + \bar{C} - F_t) \cdot Q_3^{i*} \qquad (3-27)$$

④理性套利策略（理性套利者 i）实际期望收益为

$$E(\tilde{W}_4^i) = E(S_t + \tilde{C}_{T-t} - F_t) \cdot Q_4^{i*} = (S_t + \bar{C} - F_t) \cdot Q_4^{i*} \qquad (3-28)$$

对投机者的复制动态过程进行分析。投机者种群的平均收益为

$$\overline{W}_s^i = x_1(T) \cdot E(\tilde{W}_1^i) + x_2(T) \cdot E(\tilde{W}_2^i)$$

$$= (\bar{S}_T - F_t) \cdot \left[x_1(T) Q_1^{i*} + x_2(T) Q_2^{i*} \right] \qquad (3-29)$$

按照复制动态方程，得到过度自信投机策略（过度自信投机者人数比例）的演化状态为

$$\dot{x}_1(T) = x_1(T) \cdot [E(\tilde{W}_1^i) - \overline{W}_s^i]$$

$$= x_1(T) \cdot x_2(T) \cdot (\overline{S}_T - F_t) \cdot (Q_1^{i*} - Q_2^{i*}) \qquad (3-30)$$

理性投机策略（理性投机者人数比例）的演化状态为

$$\dot{x}_2(T) = x_2(T) \cdot [E(\tilde{W}_2^i) - \overline{W}_s^i]$$

$$= x_1(T) \cdot x_2(T) \cdot (\overline{S}_T - F_t) \cdot (Q_2^{i*} - Q_1^{i*}) \qquad (3-31)$$

可以算得

$$Q_1^{i*} - Q_2^{i*} = (A_1^{i-1} - A_2^{i-1})(\overline{S}_T - F_t) + (m^s - \overline{S}_T)(A_1^{i-1}B_1^i - A_2^{i-1}B_2^i)$$

$$(3-32)$$

由此可知，①如果 $m^s = \overline{S}_T$，即投机者获得的信息等于到期现货价格的均值，则 $\dot{x}_1(T) = x_1(T) \cdot x_2(T) \cdot (A_1^{i-1} - A_2^{i-1}) \cdot (\overline{S}_T - F_t)^2 > 0$，说明过度自信投机者的期望收益大于投机者平均的期望收益，过度自信投机者的人数比例将不断增加，而理性投机者的人数比例将不断减少，此情况不变条件下过度自信投机者会逐渐占据整个投机者全体；②如果 $m^s > \overline{S}_T > F_t$ 或者 $m^s < \overline{S}_T < F_t$，则投机者获得的信息虽然不准确，但有利于投机者对走势的判断，此情况下过度自信投机者获得的收益也会大于理性投机者，从而过度自信投机者也会逐渐占据整个投机者全体；③如果 $\overline{S}_T > F_t$，但 $m^s < \overline{S}_T$ 使得 $Q_1^{i*} - Q_2^{i*} < 0$，或者 $\overline{S}_T < F_t$，但 $m^s > \overline{S}_T$ 使得 $Q_1^{i*} - Q_2^{i*} > 0$，即投机者获得的信息不准确，使其对走势的判断起到了干扰作用，但只有当这一偏差大到一定程度时，过度自信投机者的收益才会小于理性投机者的收益，此情况下理性投机者会逐渐占据整个投机者全体。

套利者的复制动态过程分析与投机者的分析类似，同理可得套利者种群的平均收益为

$$\overline{W}_a^i = x_3(T) \cdot E(\tilde{W}_3^i) + x_4(T) \cdot E(\tilde{W}_4^i)$$

$$= (S_t + \overline{C} - F_t) \cdot [x_3(T)Q_3^{i*} + x_4(T)Q_4^{i*}] \qquad (3-33)$$

按照复制动态方程，得到过度自信套利策略（过度自信套利者人数比例）的演化状态为

$$\dot{x}_3(T) = x_3(T) \cdot [E(\widetilde{W}_3^i) - \overline{W}_a^i]$$

$$= x_3(T) \cdot x_4(T) \cdot (S_t + \overline{C} - F_t) \cdot (Q_3^{i*} - Q_4^{i*}) \quad (3-34)$$

理性套利策略（理性套利者人数比例）的演化状态为

$$\dot{x}_4(T) = x_4(T) \cdot [E(\widetilde{W}_4^i) - \overline{W}_a^i]$$

$$= x_3(T) \cdot x_4(T) \cdot (S_t + \overline{C} - F_t) \cdot (Q_4^{i*} - Q_3^{i*}) \quad (3-35)$$

可以算得

$$Q_3^{i*} - Q_4^{i*} = (A_3^{i-1} - A_4^{i-1})(\overline{C} + S_t - F_t) + (m^a - \overline{C})(A_3^{i-1}B_3^i - A_4^{i-1}B_4^i)$$

$$(3-36)$$

由此可得出结论，①如果 $m^a = \overline{C}$，即套利者获得的信息等于持有成本的均值，则 $\dot{x}_3(T) = x_1(T) \cdot x_2(T) \cdot (A_3^{i-1} - A_4^{i-1}) \cdot (\overline{C} + S_t - F_t)^2 > 0$，此情况不变条件下过度自信套利者会逐渐占据整个套利者全体；②如果 $m^a > \overline{C} > F_t - S_t$ 或者 $m^a < \overline{C} < F_t - S_t$，则套利者获得的不准确信息有利于套利者对走势的判断，此情况下过度自信套利者也会逐渐占据整个套利者全体；③如果 $\overline{C} > F_t - S_t$，但 $m^a < \overline{C}$ 使得 $Q_3^{i*} - Q_4^{i*} < 0$，或者 $\overline{C} < F_t - S_t$，但 $m^a > \overline{C}$ 使得 $Q_3^{i*} - Q_4^{i*} > 0$，即套利者获得的不准确信息对走势的判断起到了干扰作用，但只有当这一偏差大到一定程度时，过度自信套利者的收益才会小于理性套利者的收益，理性套利者在此情况下才会逐渐占据整个套利者全体。

3.4.2 结论分析

本小节的研究结合期货市场的特征，在过度自信心理影响期货价格的数理模型的基础上，利用演化博弈的方法对过度自信心理在期货市场中的长期存在性问题进行了分析，得出以下几个主要结论。

在投机者获得的信息等于到期现货价格的均值，和套利者获得的信息等于持有成本均值的情况下，自信投机者和过度自信套利者的收益都会分别优于理性投机者和理性套利者的收益。从长期来看，过度自信交易者在此情况下会长期存在，并逐渐占据整个市场交易全体。

在投机者获得的信息大于到期现货价格均值并且到期现货价格的均值大于现在的期货价格，或者投机者获得的信息小于到期现货价格均值并且到期现货价格的均值小于现在的期货价格情况下，虽然投机者获得的信息不准确，但有利于其对走势的判断，此情况下过度自信投机者获得的收益也会优于理性投机者的收益；同样，在套利者获得的信息大于持有成本的均值并且持有成本的均值大于现在的期货价格和现货价格的差额，或者套利者获得的信息小于持有成本的均值并且持有成本的均值小于现在的期货价格和现货价格的差额情况下，套利者获得的不准确信息有利于其对走势的判断，此情况下过度自信套利者的收益也会优于理性套利者的收益。所以，虽然过度自信交易者可能获得的信息不准确，但在信息对其起到了有利的误导情况下，过度自信交易者也会长期存在于市场中，并逐渐占据市场交易主体。

在投机者获得的信息大于到期现货价格均值但到期现货价格的均值小于现在的期货价格，或者投机者获得的信息小于到期现货价格均值但到期现货价格的均值大于现在的期货价格情况下，投机者获得的信息不准确，使其对走势的判断受到了干扰，但只有当这一偏差大到一定程度时，过度自信投机者的收益才会劣于理性投机者；同样，在套利者获得的信息大于持有成本的均值但持有成本的均值小于现在的期货价格和现货价格的差额，或者套利者获得的信息小于持有成本的均值但持有成本的均值大于现在的期货价格和现货价格的差额情况下，套利者获得的不准确信息也会干扰其对走势的判断，但也只有当这一偏差大到一定程度时，过度自信套利者的收益才会劣于理性套利者。所以，尽管过度自信交易者获得的信息不准确，甚至使其对走势作出了错误的判断，但只要这个偏差不是很大，其表现仍有可能优于理性交易者，具有在期货市场中长期存在的可能性。

综上所述，过度自信交易者在多数情况下会获得相对于理性交易者较高的期望收益，从而表明在复杂多变的市场条件下，过度自信交易者在期货市场中是完全可能长期内存在的，并且存在的可能性甚至大于理性交易者的存在可能性。

第4章
期货市场投资者的锚定效应研究

　　锚定效应（anchoring）是指人们在判断过程中，会以最初的信息（锚定值）为参照点来调整对事件的估计，致使最后的估计值趋向于锚定值的一种心理。早在 20 世纪 60 年代末，研究人员就已注意到这种心理的存在，而特沃斯基和卡尼曼在 1974 年首次正式提出并研究了这个现象。作为一种启发式（heuristic）认知偏差，锚定效应同其他启发式思考方法一样虽然能够帮助人们节省时间和精力快速做出决策，但是其往往会导致个体非理性的行为以及群体系统性的偏差。

　　特沃斯基和卡尼曼（1974）在文章中提出了三种重要的启发式思维：代表性、可得性以及锚定启发式，并通过实验证实了锚定效应的存在，同时对这种心理进行了初步的解释。此后，学者们对锚定效应进行了深入的研究和扩展，如埃普利和吉洛维奇（Epley and Gilovich，2001）通过实验发现，除了以外在给定的信息作为锚定点（外在锚）外，人们也有可能自我产生锚定点（自发锚），从而出现不同机制的调整不充分的锚定效应。穆斯韦勒和英格利希（Mussweiler and Englich，2005）的研究表明，锚定效应比传统观点认为的更为普遍，即使锚定点出现的时间很短，甚至锚定点与目标值之间没有任何关系，实验者仍然会产生锚定效应。这些学者的研究都表明，锚定效应是普遍存在而且似乎是不可避免的，锚定效应可能还包含着更为复杂的心理作用机制。除了揭示锚定效应的存在及作用机理外，学者们还对这种心理的影响因素进行了研究。穆斯韦勒和斯特拉克（Mussweiler and Strack，2000）设计实验来研究知识水平与锚定效应之间的关系，实验结果表明，人们对目标对象的知识了解得越少，则他们的估计就越有可能接近锚定点，即表现出的锚定效应越强。曲琛等（2008）用 ERP 实验分别探讨了不同精细程度的心理刻度对内部锚加工过程和外部锚加工过程的影响，结果表明，只有在内部锚引起的锚定加工过程中才会出现心理刻度效应。英格利希和索德（Englich and Soder，2009）研究了锚定效应与情绪和专家技能之间的关系，他们的实验结果显示，消极的情绪比起积极的情绪更容易产生锚定效应，由于专家对信息的处理相对不受情绪的影响，所以只有在不专业的群体中才会出现由情绪引起的锚定效应。总之，影响锚定效应的因素多种多样，关于这方面的研究还比较松散，如何把这些影响因素系统化并把它们的影响机制解释清楚，以帮助我们更全面地了解锚定效应的规律，需要学者们进一步的研究。

大量研究表明，锚定效应在经济领域广泛存在。在检验市场上锚定效应存在性的实证研究中，索尔特和斯塔特曼（Solt and Statman，1988）提出了以 BSI 指标（看涨看跌情绪指标）来反映投资者对未来市场行情的预期，发现投资者对市场的预期受到历史收益率的影响，从而认为投资者对市场的判断过程中存在锚定效应。此后，国内一些学者也采用了 BSI 指标来检验锚定效应在中国金融市场中的存在性，如姜丕臻（2005）对中国期货市场上机构投资者的锚定效应存在性进行的研究，以及李学峰等（2008）对中国封闭式基金领域存在的锚定效应进行的研究。还有一类实证研究是通过证明锚定点对未来价格的影响以检验锚定效应的存在性。有效市场理论指出过去的信息（锚定点）对未来的价格变动是没有影响的，反之，如果能检测到影响则可以证明锚定效应的存在。基于上述思想，许年行和吴世农（2007）、宋常和陈茜（2014）分别从证券分析师和股权分置改革的角度研究了锚定效应，并且将锚定效应分成了静态锚和动态锚分别进行了研究。杨威等（2020）首次提出了用锚定比率指标来衡量股价的高估程度，并且从这个角度研究了锚定效应。张亚涛等（2021）借鉴杨威等（2020）论文中的锚定比率的指标，研究了我国开放式基金投资者存在的锚定效应，并且利用锚定效应解释了基金市场上赎回异象的产生。

上述检验经济领域锚定效应存在性的文献，都试图在检验过程中控制市场上各种客观因素的影响，从而说明锚定值的影响只来自锚定效应而不是其他因素。但锚定效应是一种个人存在的认知偏差，投资者个体在做决策时除了参考客观的指标往往还会参考自身获得的私有信息，这部分私有信息反映的是投资者对过去信息的一种理性的学习。因此这种私有信息造成的影响需要被识别出来并加以排除，以避免和锚定效应的影响产生混淆。此外，根据特沃斯基和卡尼曼（1974）的定义，锚定效应是指估计值向锚定值非理性靠拢的倾向，或者说是基于锚定值调整不充分所造成的偏差，这种偏差暗含着两种情况，即如果估计值大于锚定值则会非理性地降低估计值以靠近锚定点；如果估计值小于锚定值则会非理性地增大估计值以靠近锚定点。若实证的结果只是证明了锚定值越大则估计值越大（或越小）则无法覆盖上述定义中的两种情况。所以，如何识别出投资者的私人信息并排除理性学习的影响，同时说明锚定效应的双向作用，是实证方法研究时应该考虑的。

锚定效应作为一种普遍存在的认知偏差，虽然在我国股票和基金市场上都进行了长期研究，但是对我国期货市场上可能存在的锚定效应的研究成果相对较少，仅有姜丕臻（2005）对我国期货市场机构投资者的锚定效应进行了实证研究；王书平等（2012）基于数理模型从理论上分析了锚定效应对期货价格的影响。我国期货市场上的个人投资者在交易过程中是否存在显著的锚定效应？锚定效应的存在和强弱会对期货市场的有效运行造成哪些影响？这些问题都值得进一步的研究和探讨。

4.1　期货投资者锚定效应的实证检验

4.1.1　理论模型和变量定义

研究选取的锚定点是期货市场个人投资者对某种商品期货合约上一次

开仓的价格。期货投资者在开仓某种商品期货时，往往会参考其上一次对该品种的开仓价格，从而可能会以该价格为锚定点产生锚定偏差，使得本次开仓的价格非理性地偏向锚定值（之所以没有选择平仓价格作为研究对象，主要是考虑平仓行为可能会受到处置效应和损失厌恶等心理或行为偏差的影响，同时也可能出现强制平仓的情况，而这些因素的影响很难在研究中剔除）。投资者的历史开仓价格中可能隐含着其对该期货品种的私人信息，这种私人信息可以体现为投资者获得的有价值的市场消息或者对期货市场运行机制的个人理解等，所以历史报价对当前报价的影响可能只是投资者对过去价格信息的一种理性分析，私人信息作为有价值的信息在当前的交易决策中仍然具有参考价值。因此方法重点在于如何排除这部分私人信息对锚定效应的混淆，本书参考贝格斯（Beggs，2009）等对艺术品拍卖市场的交易者的私人信息的识别，构建出了实证检验我国个人期货投资者锚定效应的理论模型：

$$P_i = \beta_0 + \beta_1 \cdot S + \beta_2 \cdot (P_i^{-1} - S) + \beta_3 \cdot (P_i^{-1} - S^{-1}) + \varepsilon \qquad (4-1)$$

其中，P_i 表示投资者 i 对某商品期货当期的开仓价格；S 表示期货合约标的现货的当期价格；P_i^{-1} 表示投资者 i 对该商品期货上一次的开仓价格，即本书拟研究的锚定点；S^{-1} 表示投资者 i 上一次开仓时对应的现货价格。需要注意的是，回归模型中的 S^{-1} 和 P_i^{-1} 的上标（$^{-1}$）并不是指前一天，而是指投资者 i 在某商品期货上的上一次开仓的时间，中间的时间间隔因人而异。

回归模型中的第三项（$P_i^{-1} - S^{-1}$）表示的是上一次的开仓价格减去上一次的标的现货价格，所衡量的是投资者 i 所具有的私人信息。由于研究筛选的是投资者 i 对同一期货品种前后两次的开仓价格，而两次开仓之间的时间间隔并不是很长（根据后面数据处理的结果来看，大部分的时间间隔在一周以内），所以有理由相信私人信息在这段时间内对同一投资者 i 来说是相对稳定的。回归模型的第二项（$P_i^{-1} - S$）则是用来捕捉锚定效应的存在性。如果投资者不存在锚定效应，则该项的系数 β_2 在统计上不显著或者系数为 0，如果投资者存在锚定效应，则 β_2 是统计显著的且是一个正数。

4.1.2　数据来源和数据处理

本书使用的原始数据来自国内某期货公司 2019 年 1 月 1 日至 2020 年 12 月 31 日共两年的个人投资者期货交易记录，总计 992485 条，其中买入记录 553546 条，卖出记录 438939 条。研究所需的 2019 年和 2020 年的现货价格日度数据来自国泰安数据库。

投资者在期货的开仓操作中，存在买入期货合约和卖出期货合约两种开仓方式，也就是常说的"买开"和"卖开"。而在这两种情况下投资者对开仓价格的预期显然是不同的，在买入开仓的时候，投资者会认为自身选择的报价是偏低的，因为投资者想在接下来的卖出平仓中获利。与买入开仓的情况相反，在卖出开仓时，投资者会认为自身选择的报价是偏高的，因为投资者想在接下来的买入平仓中获利。如果不对这两种情况加以区分，则在数据处理过程中就会出现锚定点是来自"买开"的，而可能受锚定点影响的数据是来自"卖开"的情况。鉴于投资者对这两类价格态度的不同，本书在对投资数据进行处理的过程中对这两种情况进行了区分，将投资者"买开"和"卖开"的交易记录进行了分离。

考虑不同期货类型（如商品期货、国债期货、股指期货以及期权等）之间的差异以及对应现货价格的可得性问题，本书只对商品期货的数据进行了研究。由于每个投资者在一天中可能会对同一期货品种不同月份的合约进行开仓，也可能会在一天的不同时刻对相同合约进行多次开仓。为了获取一个单一的价格变量，本书首先对同一品种不同到期时间的合约进行筛选，选出离当月最近的主力合约，然后对投资者在一天内对同一合约的多次开仓价格求取均值作为最终开仓价格的代理变量。最后将期货价格和现货价格进行匹配，由于现货价格的可得性问题，最终获得买进开仓的观测值有 38752 条，卖出开仓的观测值有 31068 条，涵盖的商品期货合约品种有 17 种。投资者对同一商品期货品种两次开仓间的时间间隔的中位数为 3 天，其中 75% 的时间间隔在 8 天以内。

4.1.3　实证分析

本书应用式（4-1）中的理论模型对处理后的数据进行回归分析，在方法上排除了私人信息的影响，相比传统上仅使用客观信息作为控制变量来检验锚定效应的方法更为合理。有研究表明，时间间隔越短则内部锚引发的锚定效应的影响就越大，因此本书在区分了买入和卖出开仓记录的基础上，还根据两次开仓的时间间隔进行了观测值的分组，以期更好地展示锚定效应在不同情况下的表现。

表 4-1 汇报了回归分析的结果。表中的每一列代表着不同的样本范围，其中列（3）是全部观测值的回归结果，列（6）是买入开仓观测值的回归结果，列（9）是卖出开仓观测值的回归结果；列（1）、列（4）和列（7）则是对应上述三类观测值中开仓时间间隔小于等于 3 天的观测值的回归结果；列（2）、列（5）和列（8）则是对应上述三类观测值中开仓时间间隔大于 3 天且小于等于 8 天的观测值的回归结果。

从表 4-1 的回归结果来看，Anchor 前的系数都是显著为正的，说明我国期货市场上的投资者在对商品期货开仓报价时，会显著受到上一次其对该期货品种的开仓价格的影响，即存在着锚定效应。Anchor 前的系数可以解释为投资者上次的开仓价格和现货价格之间的差距，会在多大程度上影响投资者本次判断。例如，根据表 4-1 中列（1）展示的结果，如果投资者上一次的开仓操作是在 3 天以内，并且上次的开仓价格比当前的现货价格高 10 元的情况下，投资者会受到锚定效应的影响从而将本次开仓价上调 2.41 元，从而使其更加偏向上次的开仓价（即锚定值）。反之亦然，当上次的开仓价格比当前的现货价格低时，同样会下调 2.41 元从而使其更加偏向锚定值。这种高于锚定点会回调而低于锚定点会上调的双向调整模式更加符合锚定效应的定义，也说明了本书所采用的实证方法的合理性。

表 4 - 1　锚定效应的回归结果

	全部观测值			买开的观测值			卖开的观测值		
	时间间隔≤3天	3天<时间间隔≤8天	全部时间间隔	时间间隔≤3天	3天<时间间隔≤8天	全部时间间隔	时间间隔≤3天	3天<时间间隔≤8天	全部时间间隔
	(1)	(2)	(3)	(4)	(5)	(6)	(7)	(8)	(9)
Spot Price	0.999*** (0.000)	0.999*** (0.000)	0.999*** (0.000)	1.000*** (0.000)	0.999*** (0.000)	0.999*** (0.000)	0.999*** (0.000)	0.999*** (0.000)	0.998*** (0.000)
Anchor	0.241*** (0.011)	0.0525*** (0.012)	0.0226*** (0.005)	0.237*** (0.014)	0.0452** (0.018)	0.0161** (0.007)	0.245*** (0.018)	0.0600*** (0.017)	0.0291*** (0.007)
Fix	0.640*** (0.012)	0.753*** (0.021)	0.786*** (0.008)	0.651*** (0.015)	0.778*** (0.027)	0.802*** (0.010)	0.624*** (0.019)	0.720*** (0.033)	0.766*** (0.012)
Constant	−34.02*** (2.505)	−56.34*** (6.193)	−53.88*** (2.375)	−39.25*** (3.201)	−53.85*** (7.980)	−58.40*** (3.321)	−28.02*** (3.616)	−58.96*** (9.455)	−48.01*** (3.297)
Observations	40466	13313	69820	22008	7559	38752	18458	5754	31068

注：括号内为对应的稳健标准误，*，**，***分别表示在10%，5%和1%的水平下统计显著。

4.2.1 期货投资者交易行为分析

与本书第3章类似的模型设计，把期货市场的交易主体分为投机者和套利者两大类，分别对具有锚定效应的这两大交易主体的交易行为（购买方向和购买数量）进行分析，在导出他们的决策函数后，按照市场出清的条件得出市场均衡时的期货价格，以此分析锚定效应对期货价格决定的影响。

（1）锚定投机者的交易行为分析

设现在的期货价格为 F_t，现在的现货价格为 S_t。期货合约在 T 期到期，到期的期货价格为 F_T，到期的现货价格为 S_T。因为到期的期货价格会向商品的现货价格收敛，在不考虑交易成本等因素的情况下，有 $F_T = S_T$。假设时刻 t 发生了某些事件，带来了市场环境的不确定变化。这些事件使得 T 期的现货价格变为 $\tilde{S}_T$，$\tilde{S}_T$ 为随机变量，其概率分布假设为 $\tilde{S}_T \sim N(\bar{S}_T, \sigma_s^2)$。

投机者为单向交易者，其购买期货合约的策略为，预期 T 期的价格上涨时买进，价格下跌时卖出，以期能到时通过价格之间的差价获利。按照这种盈利策略，投机者的交易需求为 $Q^s = \alpha^s(F_T - F_t) = \alpha^s(S_T - F_t)$，$\alpha^s > 0$。

假设市场上有 N_1 个期货合约投机者，第 i 个投机者的效用函数为一个负指数风险厌恶效用函数：$U_i^s(W) = -\exp\{-a_i^s W\}$，$a_i^s > 0$。其中，$W$ 表示财富值，a_i^s 表示第 i 个投机者的风险厌恶系数。

对于投机者 i 而言，其关注的是到期的现货价格 S_T 的信息。由于个人获取信息的能力和途径有限，投机者 i 获得的信息不一定是 $\tilde{S}_T$，而是 $\tilde{M}_i^s = \tilde{S}_T + \tilde{\varepsilon}_i^s$。其中 $\tilde{\varepsilon}_i^s$ 为投机者 i 通过个人渠道收集信息的误差，假设其

服从均值为 ε_i^s，方差为 $\sigma_{\varepsilon i}^{s2}$ 的正态分布，即 $\tilde{\varepsilon}_i^s \sim N(\varepsilon_i^s, \sigma_{\varepsilon i}^{s2})$，并假设 $\tilde{\varepsilon}_i^s$ 和 $\tilde{S}_T$ 相互独立。根据正态分布的性质，可以得出投机者 i 获得的信息的概率分布为 $\tilde{M}_i^s \sim N(\bar{S}_T + \varepsilon_i^s, \sigma_s^2 + \sigma_{\varepsilon i}^{s2})$。假设投机者知道其获得信息存在系统性偏差，并了解其信息偏差的方向。对于理性的投机者而言，他会对其获得的信息进行充分的调整，使得获得的信息的均值等于实际价格的均值，调整后的价格信息为 $\tilde{M}_i^{sr} = \tilde{M}_i^s - \varepsilon_i^s$ 服从 $N(\bar{S}_T, \sigma_s^2 + \sigma_{\varepsilon i}^{s2})$。

对于存在锚定效应的投机者，其对信息的处理又是怎样的呢？目前解释锚定效应发生机制的模型主要有两种理论：不充分调整启发式模型和选择通达模型。不充分调整启发式模型最早是由特沃斯基和卡尼曼（1974）提出来的，后来埃普利和吉洛维奇（2006）对这种锚定不充分的心理运作过程进行了更精确的描述。简而言之，锚定不充分调整启发式指的是个体面对一个锚定值时会按照"可能性—充分性"的原则进行调整，即个体会先在锚定值基础上初步调整出一个可能为正确答案的数值，然后再精确判断该数值是正确答案的可能性有多大，如果这种可能性达到个体内心的一个标准并让个体感到满意，则停止调整作出判断，由于个体往往会以一个可行区间作为判断标准，只要估计值一踏入该可行区间的边缘时便感到满意而停止了调整，所以这种调整通常是不充分的，最终的结果接近于锚定值。而选择通达模型指的是，个体在解答比较问题时就已经形成了一种心理证实倾向，倾向于去验证目标值与锚定值的相同性或一致性，并且努力构建一个心理模型，该模型包含了与锚定值最大程度一致的信息（李斌、徐福明等，2008）。这两种模型都能在一定程度上解释产生锚定效应的过程，两者的不同之处在于，不充分调整模型是以锚定值为起点向可行区间转移，而选择通达模型是以锚定值为中心，利用信息的一致性去验证锚定值的正确性，一般认为，不充分调整启发式模型适用于外在锚和内在锚的情形，而选择通达模型只适用于具有外在锚的情形。由于选择通达模型是对锚定值进行证实或非证实的判断过程，其似乎只适合于对锚定值进行是与否的二元判断的分析。但是，在现实期货市场中，人们对信息的判断不仅仅是个二元判断问题，更多情况下是对信息真实值的具体估计，而不充分调整启发式正是对目标值进行估计的一种心理运作过程的解释，所以用不充分调整启发式机制能够更好地阐述期货市场中锚定效应产生的过程。

基于上述原因，本书采用不充分调整启发式机制来建立锚定效应对期货市场的影响模型。依据不充分调整启发式模型的理论，我们假定投机者获得的信息就是其初始锚定点，其对到期的现货真实价格的判断存在一个可行的区间，由于锚定效应的存在，使得他对获得的信息调整不充分，当调整进入可行区间的边缘部分时其就停止进行调整，所以其对信息的处理为 $\tilde{M}_i^{sa} = \tilde{M}_i^s - \delta_i^s \varepsilon_i^s$，$0 \leqslant \delta_i^s \leqslant 1$。$\delta_i^s$ 表示投机者 i 的锚定效应程度，δ_i^s 越小说明投机者 i 的锚定效应程度越重，$\delta_i^s = 1$ 则说明投机者 i 是理性投机者，不存在锚定效应。虽然锚定投机者调整信息后的信息的真实概率分布为 $\tilde{M}_i^{sa} \sim N(\bar{S}_T + (1 - \delta_i^s)\varepsilon_i^s, \sigma_s^2 + \sigma_{\varepsilon i}^{s2})$，但由于投机者没有意识到其存在非理性心理因素，所以他认为其调整后的信息的概率分布为 $N(\bar{S}_T, \sigma_s^2 + \sigma_{\varepsilon i}^{s2})$，并以此为依据来进行决策。

设 W_{Ti}^s 为投机者 i 参与买卖合约的到期收益，在 t 期投机者 i 的期货合约交易量为 Q_i^s（$Q_i^s > 0$ 为买进期货合约，$Q_i^s < 0$ 为卖出期货合约，$Q_i^s = 0$ 为不交易）。

在获得价格信息的实现值为 m_i^s 的情况下，锚定投机者首先会对其进行不充分的调整，使得 $m_i^{sa} = m_i^s - \delta_i^s \varepsilon_i^s$，并以对 $\tilde{M}_i^{sa}$ 错误的概率估计 $N(\bar{S}_T, \sigma_s^2 + \sigma_{\varepsilon i}^{s2})$ 来进行判断，选择合适的交易量使得效用最大化，即

$$\max_{Q_i^s} E\langle -\exp\{-a_i^s \tilde{W}_{Ti}^s\} \mid \tilde{M}_i^{sa} = m_i^{sa}\rangle$$

在得到信息实现值为 m_i^s 的情况下，锚定投机者对到期现货价格的期望值和方差为

$$E\langle \tilde{S}_T \mid \tilde{M}_i^{sa} = m_i^{sa}\rangle = E\langle \tilde{S}_T \mid \tilde{M}_i^{sa} = m_i^s - \delta_i^s \varepsilon_i^s\rangle = \bar{S}_T + \frac{\sigma_s^2}{\sigma_s^2 + \sigma_{\varepsilon i}^{s2}} \cdot (m_i^s - \delta_i^s \varepsilon_i^s - \bar{S}_T)$$

$$(4-2)$$

$$Var\langle \tilde{S}_T \mid \tilde{M}_i^{sa} = m_i^{sa}\rangle = \frac{\sigma_{\varepsilon i}^{s2} \cdot \sigma_s^2}{\sigma_s^2 + \sigma_{\varepsilon i}^{s2}} \qquad (4-3)$$

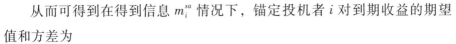

从而可得到在得到信息 m_i^{sa} 情况下，锚定投机者 i 对到期收益的期望值和方差为

$$E\langle \widetilde{W}_{Ti}^s \mid \widetilde{M}_i^{sa} = m_i^{sa} \rangle = E\langle (\widetilde{S}_T - F_t) \cdot Q_i^s \mid \widetilde{M}_i^{sa} = m_i^{sa} \rangle$$

$$= Q_i^s \cdot \left[\overline{S}_T - F_t + \frac{\sigma_s^2}{\sigma_s^2 + \sigma_{\varepsilon i}^2} \cdot (m_i^s - \delta_i^s \varepsilon_i^s - \overline{S}_T) \right] \tag{4-4}$$

$$Var\langle \widetilde{W}_{Ti}^s \mid \widetilde{M}_i^{sa} = m_i^{sa} \rangle = Q_i^{2} \cdot Var\langle \widetilde{S}_T \mid \widetilde{M}_i^{sa} = m_i^{sa} \rangle = Q_i^{s2} \cdot \frac{\sigma_{\varepsilon i}^2 \cdot \sigma_s^2}{\sigma_s^2 + \sigma_{\varepsilon i}^2}$$

$$\tag{4-5}$$

由对数正态分布的性质，可得，

$$E\langle U_i^s(\widetilde{W}_{Ti}^s) \mid \widetilde{M}_i^{sa} = m_i^{sa} \rangle = E\langle -\exp\{ -a_i^s \widetilde{W}_{Ti}^s \} \mid \widetilde{M}_i^{sa} = m_i^{sa} \rangle$$

$$= -\exp\left\{ -a_i^s \cdot E\langle \widetilde{W}_{Ti}^s \mid \widetilde{M}_i^{sa} = m_i^{sa} \rangle + \frac{a_i^{s2}}{2} Var\langle \widetilde{W}_{Ti}^s \mid \widetilde{M}_i^{sa} = m_i^{sa} \rangle \right\}$$

$$= -\exp\left\{ -a_i^s Q_i^s \cdot \left[\overline{S}_T - F_t + \frac{\sigma_s^2}{\sigma_s^2 + \sigma_{\varepsilon i}^2} \cdot (m_i^s - \delta_i^s \varepsilon_i^s - \overline{S}_T) \right] + \frac{a_i^{s2} Q_i^{s2}}{2} \cdot \frac{\sigma_{\varepsilon i}^2 \cdot \sigma_s^2}{\sigma_s^2 + \sigma_{\varepsilon i}^2} \right\}$$

$$\tag{4-6}$$

求解 $\max\limits_{Q_i^s} E\langle -\exp\{ -a_i^s \widetilde{W}_{Ti}^s \} \mid \widetilde{M}_i^{sa} = m_i^{sa} \rangle$，从而得到投机者 i 的最优交易期货合约数量：

$$Q_i^{s*} = A_i^{s-1} \cdot \left[\overline{S}_T - F_t + B_i^s \cdot (m_i^s - \delta_i^s \varepsilon_i^s - \overline{S}_T) \right] \tag{4-7}$$

其中，$A_i^s = \dfrac{a_i^s \cdot \sigma_{\varepsilon i}^2 \cdot \sigma_s^2}{\sigma_s^2 + \sigma_{\varepsilon i}^2}$，$B_i^s = \dfrac{\sigma_s^2}{\sigma_s^2 + \sigma_{\varepsilon i}^2}$。对式（4-7）中的 Q_i^{s*} 求关于 δ_i^s 的

偏导，得到 $\dfrac{\partial Q_i^{s*}}{\partial \delta_i^s} = -A_i^{s-1} \cdot B_i^s \cdot \varepsilon_i^s$，$\dfrac{\partial Q_i^{s*}}{\partial \delta_i^s}$ 的符号取决于 ε_i^s 的符号。如果投

机者获得的信息存在正的偏差，即 $\varepsilon_i^s > 0$，从而 $\dfrac{\partial Q_i^{s*}}{\partial \delta_i^s} < 0$，即投机者的理性

程度与合约的交易数量值成反比（δ_i^s 越大，则投机者越理性）。由于锚定效应的存在，会造成投机者对到期现货价格的高估，从而增加其期货合约的买空交易量或减少其期货合约的卖空交易量，锚定程度越大（即 δ_i^s 越小），买空交易量越多或卖空交易量越少（Q_i^{s*} 越大）；相反，如果获得的

信息存在负的偏差，即 $\varepsilon_i^s < 0$，$\dfrac{\partial Q_i^{s*}}{\partial \delta_i^s} > 0$，锚定效应的存在会造成投机者对到期现货价格的低估，从而增加其期货合约的卖空交易量或减少其期货合约的买空交易量，锚定程度越大（δ_i^s 越小），卖空交易量越多或者买空交易量越少（Q_i^{s*} 越小）。

（2）锚定套利者的交易行为分析

套利者为双向交易者，假设套利者是在期货市场和现货市场之间套利，对于套利者而言，其主要关注的是理论上无风险套利均衡价格与实际价格之间的差价，通过这两个价格之间的差价同时在两个市场上进行相反方向的买卖即可实现到期套利。按照持有成本理论，设期货的套利均衡价格为 $F_t^* = S_t + C_{T-t}$，其中 C_{T-t} 为从 t 期至期货合约到期的持有成本。套利者买卖合约的盈利策略为，如果现在的期货价格 $F_t < F_t^* = S_t + C_{T-t}$，则说明持有期货合约要比存储商品的成本低，所以套利者会买进期货合约，卖出商品，通过到期交易实现套利；相反，如果现在的期货价格 $F_t > F_t^* = S_t + C_{T-t}$，则套利者会进行相反的操作。基于上述策略，套利者对期货合约的交易需求为 $Q^a = \alpha^a (F_t^* - F_t) = \alpha^a (S_t + C_{T-t} - F_t)$，$\alpha^a > 0$。

设市场上有 N_2 个期货合约套利者，由于事件带来了市场环境的不确定变化，这些事件也使得持有成本 C_{T-t} 变为不确定的随机变量 $\tilde{C}_{T-t}$，假设 $\tilde{C}_{T-t} \sim N(\overline{C}, \sigma_c^2)$。套利者 i 关注的是持有成本的信息，其获得的信息的情况为 $\tilde{M}_i^a = \tilde{C}_{T-t} + \tilde{\varepsilon}_i^a$，$\tilde{\varepsilon}_i^a \sim N(\varepsilon_i^a, \sigma_{\varepsilon i}^{a2})$。其中 $\tilde{\varepsilon}_i^a$ 为套利者通过个人渠道收集信息的误差，$\tilde{\varepsilon}_i^a$ 和 $\tilde{C}_{T-t}$ 相互独立。同样，由于存在锚定效应，套利者 i 对其得到的信息的调整为 $\tilde{M}_i^{aa} = \tilde{M}_i^a - \delta_i^a \varepsilon_i^a$，$0 \leq \delta_i^a \leq 1$。$\delta_i^a$ 表示套利者 i 的锚定效应程度，δ_i^a 越小说明投机者 i 的锚定效应程度越重。套利者同样没有意识到其存在非理性心理因素，认为其调整后的信息的概率分布为 $N(\overline{C}, \sigma_c^2 + \sigma_{\varepsilon i}^{a2})$，并以此为依据来进行决策。

设 W_{Ti}^a 为套利者 i 参与买卖合约的到期收益，在 t 期套利者 i 的期货合约交易量为 Q_i^s。在获得价格信息的实现值为 m_i^a 情况下，锚定套利者对信息进行不充分调整为 $m_i^{aa} = m_i^a - \delta_i^a \varepsilon_i^a$，并以对 $\tilde{M}_i^{aa}$ 错误的概率估计 $N(\overline{C},$ $\sigma_c^2 + \sigma_{\varepsilon i}^{a2})$ 来进行判断，选择合适的交易量使得其效用最大化，即

$$\max_{Q_i^a} E\langle -\exp\{-a_i^a \tilde{W}_{Ti}^a\} \mid \tilde{M}_i^{aa} = m_i^{aa}\rangle$$

同理可以算得，

$$E\langle \tilde{C}_{T-t} \mid \tilde{M}_i^{aa} = m_i^{aa}\rangle = \overline{C} + \frac{\sigma_c^2}{\sigma_c^2 + \sigma_{\varepsilon i}^{a2}} \cdot (m_i^a - \delta_i^a \varepsilon_i^a - \overline{C}) \qquad (4-8)$$

$$Var\langle \tilde{C}_{T-t} \mid \tilde{M}_i^{aa} = m_i^{aa}\rangle = \frac{\sigma_{\varepsilon i}^{a2} \cdot \sigma_c^2}{\sigma_c^2 + \sigma_{\varepsilon i}^{a2}} \qquad (4-9)$$

$$E\langle \tilde{W}_{Ti}^a \mid \tilde{M}_i^{aa} = m_i^{aa}\rangle = Q_i^a \cdot \left[\overline{C} + S_t - F_t + \frac{\sigma_c^2}{\sigma_c^2 + \sigma_{\varepsilon i}^{a2}} \cdot (m_i^a - \delta_i^a \varepsilon_i^a - \overline{C})\right]$$

$$(4-10)$$

$$Var\langle \tilde{W}_{Ti}^a \mid \tilde{M}_i^{aa} = m_i^{aa}\rangle = \frac{Q_i^{a2} \cdot \sigma_{\varepsilon i}^{a2} \cdot \sigma_c^2}{\sigma_c^2 + \sigma_{\varepsilon i}^{a2}} \qquad (4-11)$$

$$E\langle U_i^a(\tilde{W}_{Ti}^a) \mid \tilde{M}_i^{aa} = m_i^{aa}\rangle = E\langle -\exp\{-a_i^a \tilde{W}_{Ti}^a\} \mid \tilde{M}_i^{aa} = m_i^{aa}\rangle$$

$$= -\exp\left\{-a_i^a Q_i^a \cdot \left[\overline{C} + S_t - F_t + \frac{\sigma_c^2}{\sigma_c^2 + \sigma_{\varepsilon i}^{a2}} \cdot (m_i^a - \delta_i^a \varepsilon_i^a - \overline{C})\right]\right.$$

$$\left. + \frac{a_i^{a2} Q_i^{a2}}{2} \cdot \frac{\sigma_{\varepsilon i}^{a2} \cdot \sigma_c^2}{\sigma_c^2 + \sigma_{\varepsilon i}^{a2}}\right\} \qquad (4-12)$$

求 $\max_{Q_i^a} E\langle -\exp\{-a_i^a \tilde{W}_{Ti}^a\} \mid \tilde{M}_i^{aa} = m_i^{aa}\rangle$

得到套利者 i 的最优交易期货合约数量：

$$Q_i^{a*} = A_i^{a-1} \cdot \left[\overline{C} + S_t - F_t + B_i^a \cdot (m_i^a - \delta_i^a \varepsilon_i^a - \overline{C})\right] \qquad (4-13)$$

其中，$A_i^a = \dfrac{a_i^a \cdot \sigma_{\varepsilon i}^{a2} \cdot \sigma_c^2}{\sigma_c^2 + \sigma_{\varepsilon i}^{a2}}$，$B_i^a = \dfrac{\sigma_c^2}{\sigma_c^2 + \sigma_{\varepsilon i}^{a2}}$。同样可以得出结论，如果套利者

获得的信息存在正的偏差，即 $\varepsilon_i^a > 0$，则 $\dfrac{\partial Q_i^{a*}}{\partial \delta_i^a} = -A_i^{a-1} \cdot B_i^a \cdot \varepsilon_i^a < 0$，锚定

效应的存在会造成其对持有成本的高估，从而减少其期货合约的卖空交易量或增加其期货合约的买空交易量，锚定程度越大，则卖空交易量越少或买

空交易量越多；相反，如果获得的信息存在负的偏差，即 $\varepsilon_i^a < 0$，$\dfrac{\partial Q_i^{a*}}{\partial \delta_i^a} > 0$，锚定效应的存在会造成套利者对持有成本的低估，从而增加其期货合约的卖空交易量或减少其期货合约的买空交易量，锚定程度越大，则卖空交易量越多或买空交易量越少。

4.2.2　锚定效应对短期期货均衡价格决定的影响

（1）期货合约的均衡价格

按照市场均衡理论，期货价格取决于合约买方和卖方供求双方达成的均衡。由投机者和套利者的交易行为分析可知，所有投机者的期货合约交易量为

$$Q^s = \sum_{i=1}^{N_1} Q_i^{s*} = \sum_{i=1}^{N_1} A_i^{s-1} \big[\, \overline{S}_T - F_t + B_i^s \cdot (m_i^s - \delta_i^s \varepsilon_i^s - \overline{S}_T) \,\big]$$

$$(4-14)$$

所有套利者的期货合约交易量为

$$Q^a = \sum_{i=1}^{N_2} Q_i^{a*} = \sum_{i=1}^{N_2} A_i^{a-1} \big[\, \overline{C} + S_t - F_t + B_i^a \cdot (m_i^a - \delta_i^a \varepsilon_i^a - \overline{C}) \,\big]$$

$$(4-15)$$

此外，假设市场上存在 $\tilde{Z}_t$ 个噪声交易量，$\tilde{Z}_t$ 的概率分布假设为 $\tilde{Z}_t \sim N(0, \sigma_z^2)$。存在噪声交易量的原因在于市场中有些交易主体的交易行为并不是基于信息做出的决策，如有些套期保值者的交易头寸和方向可能是固定的，不会基于信息的变化而做出调整，另外也存在一些非理性交易主体，他们的交易行为不是基于市场的信息而是基于其他的噪声信息等。当市场出清时，所有买卖合约达成交易，即 $Q^s + Q^a + \tilde{Z}_t = 0$。由此解得 t 期期货合约的均衡价格为

$$\sum_{i=1}^{N_1} A_i^{s-1} \left[\overline{S}_T + B_i^s \cdot (m_i^s - \delta_i^s \varepsilon_i^s - \overline{S}_T) \right] +$$

$$\tilde{F}_t = \frac{\sum_{i=1}^{N_2} A_i^{a-1} \left[\overline{C} + S_t + B_i^a \cdot (m_i^a - \delta_i^a \varepsilon_i^a - \overline{C}) \right] + \tilde{Z}_t}{\sum_{i=1}^{N_1} A_i^{s-1} + \sum_{i=1}^{N_2} A_i^{a-1}} \qquad (4-16)$$

为简化分析，假设市场上只存在一个投机者和一个套利者，即 $N_1 = 1$ 和 $N_2 = 1$，把这个投机者和套利者看作市场上的投机者和套利者整体，则上式可以写为

$$\tilde{F}_t = \frac{A^{s-1} \left[\overline{S}_T + B^s \cdot (m^s - \delta^s \varepsilon^s - \overline{S}_T) \right] + A^{a-1} \left[\overline{C} + S_t + B^a \cdot (m^a - \delta^a \varepsilon^a - \overline{C}) \right] + \tilde{Z}_t}{A^{s-1} + A^{a-1}}$$

$$(4-17)$$

其中，$m^s = \frac{1}{N_1} \sum_{i=1}^{N_1} m_i^s$ 和 $m^a = \frac{1}{N_2} \sum_{i=1}^{N_2} m_i^a$ 分别为整个投机者整体和整个套利者整体获得的平均信息，$\varepsilon^s = \frac{1}{N_1} \sum_{i=1}^{N_1} \varepsilon_i^s$ 和 $\varepsilon^a = \frac{1}{N_2} \sum_{i=1}^{N_2} \varepsilon_i^a$ 分别为投机者和套利者整体获得的信息偏差均值，δ^s 和 δ^a 分别为投机者和套利者整体的锚定效应程度。

由于 $\tilde{M}_i^s \sim N(\overline{S}_T + \varepsilon_i^s, \ \sigma_s^2 + \sigma_{si}^2)$，$\tilde{M}_i^a \sim N(\overline{C} + \varepsilon_i^s, \ \sigma_c^2 + \sigma_{ei}^{a2})$，按照统计学原理，在大样本下可认为，$m^s \approx \overline{S}_T + \varepsilon^s$，$m^a \approx \overline{C} + \varepsilon^a$，从而可以进一步得出：

$$\tilde{F}_t = \frac{A^{s-1} \left[\overline{S}_T + B^s \cdot (1-\delta^s) \varepsilon^s \right] + A^{a-1} \left[\overline{C} + S_t + B^a \cdot (1-\delta^a) \varepsilon^a \right] + \tilde{Z}_t}{A^{s-1} + A^{a-1}}$$

$$(4-18)$$

（2）锚定效应对期货价格的影响

①对期货均衡价格均值的影响。

分四种情况进行讨论。

A. 当 $\varepsilon^s = 0$，$\varepsilon^a = 0$ 时

投机者和套利者获得的信息都没有系统性偏差，整体的获得的信息

$m^s \approx \overline{S}_T$ 和 $m^a \approx \overline{C}$，由此得到 t 期期货价格的均值为

$$E[\widetilde{F}_t] = \frac{A^{s-1}}{A^{s-1} + A^{a-1}} \cdot \overline{S}_T + \frac{A^{a-1}}{A^{s-1} + A^{a-1}} \cdot (\overline{C} + S_t) \qquad (4-19)$$

由式（4-19）可知，由于获得的信息不需要调整，锚定效应在此情况下不起作用。同式（3-17）的分析一样，均衡的期货价格介于到期的现货价格的均值 $\overline{S}_T$ 和套利均衡价格均值（$\overline{C} + S_t$）之间，期货合约的均值更靠近 $\overline{S}_T$ 还是（$\overline{C} + S_t$）取决于投机者和套利者需求弹性 A^{s-1} 和 A^{a-1} 的大小。

B. 当 $\varepsilon^s > 0$，$\varepsilon^a > 0$ 时

投机者和套利者获得的信息都有正的系统性偏差，由于锚定效应的存在，造成了他们对真实信息的高估，从而使得均衡期货价格偏高，锚定效应程度越大，则均衡期货价格偏高的程度越大。均衡期货价格不一定介于 $\overline{S}_T$ 和（$\overline{C} + S_t$）之间，而有可能比二者都高。

C. 当 $\varepsilon^s < 0$，$\varepsilon^a < 0$ 时

投机者和套利者获得的信息都有负的系统性偏差，锚定效应使得他们低估了真实信息，从而使得均衡期货价格偏低，锚定效应程度越大，则均衡期货价格偏低的程度越大。均衡期货价格不一定介于 $\overline{S}_T$ 和（$\overline{C} + S_t$）之间，而有可能比二者都低。

D. 当 $\varepsilon^s > 0$，$\varepsilon^a < 0$ 或 $\varepsilon^s < 0$，$\varepsilon^a > 0$ 时

投机者和套利者有的高估实际信息，有的低估实际信息，存在相互抵消的成分，均衡期货价格的均值有可能偏高，也有可能偏低，取决于两类交易群体获得的信息偏差均值的大小，及各自的锚定效应程度等因素。谁的锚定效应越强，价格就越有可能偏向其信息偏差的方向。

总而言之，如果期货市场中存在信息偏差和锚定效应，则可能使均衡期货价格的实际值偏离其理性条件下的理论值，从而使期货价格的价格发现功能及市场有效性受到影响。

②对期货均衡价格波动的影响。

由期货的均衡价格公式可算出 t 期期货合约的方差为

$$Var[\widetilde{F}_t] = (A^{s-1} + A^{a-1})^{-2} \cdot \sigma_z^2 \qquad (4-20)$$

其中，$A^s = \dfrac{a^s \cdot \sigma_\varepsilon^{s2} \cdot \sigma_s^2}{\sigma_s^2 + \sigma_\varepsilon^{s2}}$，$A^a = \dfrac{a^a \cdot \sigma_\varepsilon^{a2} \cdot \sigma_c^2}{\sigma_c^2 + \sigma_\varepsilon^{a2}}$。由式（4-20）可知，期货均衡价格的波动取决于噪声交易者的交易波动程度，以及基于信息进行交易决策的投机者和套利者的风险厌恶程度、获取信息的偏差程度和实际信息的不确定性程度。锚定效应虽然会对期货均衡价格的偏离产生影响，但不会影响到交易者的需求弹性，所以这种心理不会对价格的波动产生影响。

4.2.3　结论分析

本小节的研究结合期货市场的特征，并依据锚定效应产生的不充分调整启发式模型，以交易者获得的初始信息为锚定点，建立了一个锚定效应影响期货均衡价格的数理模型，以此分析锚定效应对短期期货价格决定的影响，得出以下主要结论。

①如果投机者和套利者获得的信息存在正的偏差，锚定效应的存在会造成他们对相关信息的高估，从而增加他们期货合约的买空交易量或减少其期货合约的卖空交易量。锚定程度越大，则这种效应越大；相反，如果获得的信息存在负的偏差，则锚定效应减少他们的买空交易量或增大卖空交易量。

②锚定效应对期货均衡价格的影响需视他们获得信息偏差的大小与方向的情况而定。如果偏差为零，则锚定效应对期货均衡价格决定没有影响；如果偏差都偏高，则锚定效应会造成期货均衡价格偏高；如果偏差都偏低，则会造成期货均衡价格偏低；如果一方的偏差偏高而另一方偏低，则期货均衡价格有可能偏高或偏低，取决于双方获得的信息偏差均值大小及各自的锚定效应程度等因素。锚定效应的存在可能会造成期货均衡价格偏离理性条件下的理论值，从而使期货价格的价格发现功能和期货市场有效性受到影响。

③期货均衡价格的波动取决于噪声交易者的交易波动程度、投机者和套利者的风险厌恶程度、获取信息的偏差程度和实际信息的不确定性程

度。锚定效应不影响期货均衡价格的波动性。

本书建立的数理模型是基于锚定效应作用机制的不充分调整启发式模型，但如上所述，锚定效应的形成机制并不唯一。如何依据选择通达模型建立出新的影响模型并把两者结合起来，以及模型中能否引进更多的关于外在锚、内在锚等多种锚定点，这些都是需要进一步研究和完善的问题。

4.3 锚定效应期货投资者存在性的演化博弈分析

为了确定锚定效应是否可以在期货市场中长期存在，本书使用演化博弈方法对具有锚定效应的交易者的复制动态过程进行分析，通过复制动态均衡点的情况判断锚定效应的长期存在问题。

设市场上有两个博弈种群：投机者和套利者。投机者中有两种策略：具有锚定效应的投机者由于对信息的调整不充分而做出的交易策略（以下简称锚定投机策略）和理性的投机交易策略。套利者也有两种策略：具有锚定效应的套利者的套利交易策略（以下简称锚定套利策略）和理性的套利交易策略。实行某种交易策略的人数可以看作具有某种心理特征的交易者的人数。

设投机者的总人数为 N_1，其中使用锚定投机交易策略的人数比例为 x_1，使用理性投机策略占的人数比例为 x_2，其中 $x_1 + x_2 = 1$；套利者的总人数为 N_2，其中使用锚定套利策略的人数比例为 y_1，使用理性套利策略的人数比例为 y_2，其中 $y_1 + y_2 = 1$。每一次的期货买卖视为一次博弈过程，通过每一次的期货买卖，随着收益状况的不同，每种交易策略的人数比例会发生变化，通过人数比例的演化状态可以分析锚定的投机和套利策略的长期存在状况，从而可以以此确定锚定效应对期货市场的长期影响。

出于模型的简化，假设每个锚定投机者的锚定程度都为 δ^s，每个锚定套利者的锚定程度都为δ^a。同时，假设交易者获得的信息实现值就是信息的均值，即$m^s = \bar{S}_T + \varepsilon^s$，$m^a = \bar{C} + \varepsilon^a$。依据前文锚定效应影响期货市场的模型，可得各类期货交易者的交易策略：

锚定投机策略

$$Q_1^{i^*} = A^{s-1} \cdot [\bar{S}_T - F_t + B^s(1-\delta^s)\varepsilon^s]\ (\text{其中 } 0 \le \delta^s < 1) \quad (4-21)$$

理性投机策略

$$Q_2^{i^*} = A^{s-1} \cdot (\bar{S}_T - F_t) \quad (4-22)$$

锚定套利策略

$$Q_3^{i^*} = A^{a-1} \cdot [\bar{C} + S_t - F_t + B^a \cdot (1-\delta^a)\varepsilon^a]\ (\text{其中 } 0 \le \delta^a < 1)$$
$$(4-23)$$

理性套利策略

$$Q_4^{i^*} = A^{a-1} \cdot (\bar{C} + S_t - F_t) \quad (4-24)$$

当市场出清时，即

$$\sum_{i=1}^{N_1 \cdot x_1} Q_1^{i^*} + \sum_{i=1}^{N_1 \cdot x_2} Q_2^{i^*} + \sum_{i=1}^{N_2 \cdot y_1} Q_3^{i^*} + \sum_{i=1}^{N_2 \cdot y_2} Q_4^{i^*} = 0 \quad (4-25)$$

得到均衡的期货价格为

$$F_t = (N_1 A^{s-1} + N_2 A^{a-1})^{-1} \cdot \{N_1 A^{s-1}[\bar{S}_T + B^s x_1(1-\delta^s)\varepsilon^s]$$
$$+ N_2 A^{a-1}[\bar{C} + S_t + B^a y_1(1-\delta^a)\varepsilon^a]\} \quad (4-26)$$

根据均衡的期货价格F_t可算得不同策略的交易者此次博弈的财富收益为

锚定投机策略实际期望收益：

$$E(\widetilde{W}_1^i) = E(\widetilde{S}_T - F_t) \cdot Q_1^{i^*} = (\bar{S}_T - F_t) \cdot Q_1^{i^*} \quad (4-27)$$

理性投机策略实际期望收益：

$$E(\widetilde{W}_2^i) = E(\widetilde{S}_T - F_t) \cdot Q_2^{i^*} = (\bar{S}_T - F_t) \cdot Q_2^{i^*} \quad (4-28)$$

锚定套利策略实际期望收益：

$$E(\widetilde{W}_3^i) = E(S_t + \widetilde{C}_{T-t} - F_t) \cdot Q_3^{i^*} = (S_t + \bar{C} - F_t) \cdot Q_3^{i^*} \quad (4-29)$$

理性套利策略实际期望收益：

$$E(\widetilde{W}_4^i) = E(S_t + \widetilde{C}_{T-t} - F_t) \cdot Q_4^{i^*} = (S_t + \bar{C} - F_t) \cdot Q_4^{i^*} \quad (4-30)$$

4.3.1　投机者的复制动态过程

投机者种群的平均收益为

$$\overline{W}_s = x_1 \cdot E(\widetilde{W}_1^i) + x_2 \cdot E(\widetilde{W}_2^i) = (\overline{S}_T - F_t) \cdot (x_1 Q_1^{i^*} + x_2 Q_2^{i^*})$$

$$(4-31)$$

按照复制动态方程，得到锚定投机策略的演化状态为

$$\dot{x}_1 = x_1 \cdot [E(\widetilde{W}_1^i) - \overline{W}_s] = x_1 \cdot x_2 \cdot (\overline{S}_T - F_t) \cdot (Q_1^{i^*} - Q_2^{i^*})$$

$$(4-32)$$

理性投机策略的演化状态为

$$\dot{x}_2 = x_2 \cdot [E(\widetilde{W}_2^i) - \overline{W}_s] = x_1 \cdot x_2 \cdot (\overline{S}_T - F_t) \cdot (Q_2^{i^*} - Q_1^{i^*})$$

$$(4-33)$$

可以算得，

$$Q_1^{i^*} - Q_2^{i^*} = A^{s-1} B^s \varepsilon^s (1 - \delta^s)$$

$$(4-34)$$

4.3.2　套利者的复制动态过程

套利者种群的平均收益为

$$\overline{W}_a = y_1 \cdot E(\widetilde{W}_3^i) + y_2 \cdot E(\widetilde{W}_4^i) = (S_t + \overline{C} - F_t) \cdot [y_1 Q_3^{i^*} + y_2 Q_4^{i^*}]$$

$$(4-35)$$

按照复制动态方程，得到锚定套利策略的演化状态为

$$\dot{y}_1 = y_1 \cdot [E(\widetilde{W}_3^i) - \overline{W}_a] = y_1 \cdot y_2 \cdot (S_t + \overline{C} - F_t) \cdot (Q_3^{i^*} - Q_4^{i^*})$$

$$(4-36)$$

理性套利策略的演化状态为

$$\dot{y}_2 = y_2 \cdot [E(\widetilde{W}_4^i) - \overline{W}_a] = y_1 \cdot y_2 \cdot (S_t + \overline{C} - F_t) \cdot (Q_4^{i^*} - Q_3^{i^*})$$

$$(4-37)$$

可以算得

$$Q_3^{i\,*} - Q_4^{i\,*} = A^{a-1}B^a\varepsilon^a(1-\delta^a) \qquad\qquad (4-38)$$

4.3.3 投机者和套利者的演化位相图

（1）当 $\overline{S}_T > S_t + \overline{C}$ 时

①如果 $\varepsilon^s > 0$ 且 $\varepsilon^a > 0$，则可得此时演化博弈位相图（见图4-1）。

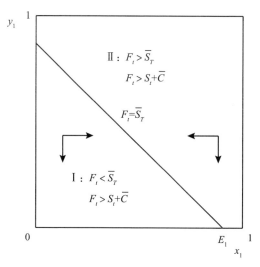

图4-1 博弈位相图1

由图4-1可知，博弈的过程收敛于均衡点 E_1，在 E_1 点，$x_1 = \dfrac{N_2 A^{a-1}(\overline{S}_T - \overline{C} - S_t)}{N_1 A^{s-1}B^s\varepsilon^s(1-\delta^s)}$，$y_1 = 0$，在到期现货价格均值 $\overline{S}_T$ 大于套利均衡价格均值 $(S_t + \overline{C})$ 的情况下，如果投机者和套利者获得的信息偏差都偏高，则会导致均衡的期货价格 F_t 偏高，F_t 总会高于 $(S_t + \overline{C})$，而 F_t 有可能高于也可能低于 $\overline{S}_T$。对于套利者而言，其有利的策略是减少买空交易量或增大卖空交易量，而由于锚定套利者对 $(S_t + \overline{C})$ 价格信息的判断高于理性套利者，会使其有利策略交易量少于理性套利者，所以锚定套利者获得的平均收益总会比理性套利者低，所以长久而言其人数比例会逐渐减少直至为零。对于投机者而言，情况要复杂些，其有利交易策略需视具体情况而定：当 F_t 小于 $\bar{S}_T$ 时，增加买空交易量或减少卖空交易量是有利策略，而由于锚定投机者对 $\bar{S}_T$ 价格的估计高于理性投机者，其有利策略的交易量多于理性投机者，所以锚定投机者的平均收益高于理性投机者，锚定投机者人数比例会增加；而如果 F_t 大于 $\bar{S}_T$，同理可推断锚定投机者的平均收益会低于理性投机者，锚定投机者的人数比例会减少。因为此时 F_t 的大小与 x_1 成正比例关系，所以当 y_1 给定时，x_1 最终会收敛于一点，在这一点上 $F_t = \bar{S}_T$，锚定投机者人数比例不会再发生变化。所以如果现实情况如图 4-1 所示，从演化过程长期来看，在套利者方面，锚定套利者会逐渐消失，理性套利者会逐渐占据市场；在投机者方面，锚定投机者的人数比例会稳定在 $x_1 = \dfrac{N_2\, A^{a-1}(\bar{S}_T - \bar{C} - S_t)}{N_1\, A^{s-1} B^s \varepsilon^s (1 - \delta^s)}$，理性投机者的人数比例会稳定在 $x_2 = 1 - x_1$。此时长期的均衡期货价格为

$$F_t = \bar{S}_T \tag{4-39}$$

②如果 $\varepsilon^s < 0$ 且 $\varepsilon^a < 0$，则可得演化博弈的位相图（见图 4-2）。

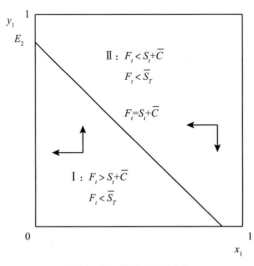

图 4-2　博弈位相图 2

由图 4-2 可知，博弈的过程收敛于均衡点 E_2，在 E_2 点，$x_1 = 0$，$y_1 = \dfrac{N_1 A^{s-1}(S_t + \overline{C} - \overline{S}_T)}{N_2 A^{a-1} B^a \varepsilon^a (1 - \delta^a)}$。原因在于，在 $\overline{S}_T > S_t + \overline{C}$ 情况下，如果投机者和套利者获得的信息偏差都偏低，则会导致均衡的期货价格 F_t 偏低，F_t 总会低于 $\overline{S}_T$，对于投机者而言，其有利的策略是增加买空交易量或减少卖空交易量，而由于锚定投机者对 $\overline{S}_T$ 价格的判断低于理性投机者，会使其有利策略交易量少于理性投机者，所以锚定投机者获得的平均收益总会比理性投机者低，所以长此以往其人数比例会逐渐减少至零。对于套利者而言，因为 F_t 有可能高于也可能低于 $(S_t + \overline{C})$，所以其有利交易策略需视具体情况而定：当 F_t 小于 $(S_t + \overline{C})$ 时，增加买空交易量或减少卖空交易量是有利策略，而由于锚定套利者对 $(S_t + \overline{C})$ 价格信息的估计低于理性套利者，其有利策略的交易量少于理性套利者，所以锚定套利者的平均收益低于理性套利者，锚定套利者人数比例会减少；而如果 F_t 大于 $(S_t + \overline{C})$，同理可推断锚定套利者的平均收益会高于理性套利者，锚定套利者的人数比例会增加。因为此时 F_t 的大小与 y_1 成反比例关系，所以当 x_1 给定时，y_1 最终会收敛于某一点，在此点 $F_t = S_t + \overline{C}$。所以如果现实情况如图 4-2 所示，则从演化过程长期来看，演化状态会趋向于 $x_1 = 0$，$y_1 = \dfrac{N_1 A^{s-1}(S_t + \overline{C} - \overline{S}_T)}{N_2 A^{a-1} B^a \varepsilon^a (1 - \delta^a)}$，此时的长期均衡期货价格为

$$F_t = S_t + \overline{C} \tag{4-40}$$

③如果 $\varepsilon^s > 0$ 且 $\varepsilon^a < 0$，则可得演化博弈的位相图（见图 4-3）。

博弈的过程收敛于均衡点 E_3，在 E_3 点，$x_1 = 1$，$y_1 = 1$。原因在于，在 $\overline{S}_T > S_t + \overline{C}$ 情况下，如果投机者获得的信息比实际偏高，套利者获得的信息比实际偏低，致使 F_t 的位置难以确定，F_t 有可能在 $\overline{S}_T$ 与 $(S_t + \overline{C})$ 之间，也可能位于这个区间之外。投机者的有利策略与套利者的有利策略都要视 F_t 的位置而定。在图 4-3 第 I 部分区域，$F_t < S_t + \overline{C} < \overline{S}_T$，此时增加买空交易量或减少卖空交易量都是套利者和投机者的有利策略，对于套利

者而言，由于锚定套利者对 $(S_t + \overline{C})$ 价格信息估计低于理性套利者，致使其有利策略交易量少于理性套利者，其平均收益会较低，所以人数比例会下降；而对于投机者，由于锚定投机者对 $\overline{S}_T$ 价格的判断高于理性投机者，所以其有利策略交易量高于理性投机者，平均收益也越大，所以人数比例会增加。第 Ⅱ、Ⅲ 部分区域的分析同理，在此不再赘述。所以如果现实情况如图 4-3 所示，则从演化过程长期来看，演化状态会趋向于 $x_1 = 1$，$y_1 = 1$，即锚定投机者和锚定套利者会占据整个市场。原因在于锚定交易者尽管获得的信息有偏差，并且对信息的调整不充分，但是这样的调整有利于他们对市场趋势的判断，所以反而使锚定交易者在市场中获得了优势。此时长期均衡期货价格为

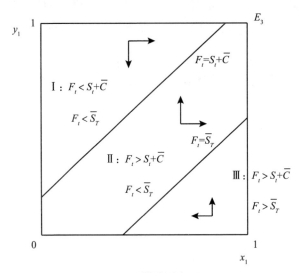

图 4-3　博弈位相图 3

$$F_t = (N_1 A^{s-1} + N_2 A^{a-1})^{-1} \cdot \{ N_1 A^{s-1} [\overline{S}_T + B^s(1-\delta^s)\varepsilon^s]$$
$$+ N_2 A^{a-1} [\overline{C} + S_t + B^a(1-\delta^a)\varepsilon^a] \} \tag{4-41}$$

④如果 $\varepsilon^s < 0$ 且 $\varepsilon^a > 0$，则可得演化博弈的位相图（见图 4-4）。

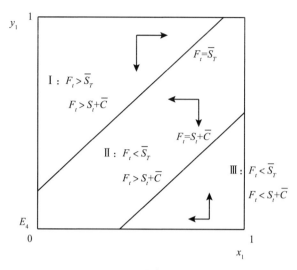

图 4 - 4 博弈位相图 4

博弈的过程收敛于均衡点 E_4，在 E_4 点，$x_1 = 0$，$y_1 = 0$。原因在于，在图 4 - 4 第 I 部分区域，$S_t + \overline{C} < \overline{S}_T < F_t$，此时减少买空交易量或增大卖空交易量都是套利者和投机者的有利策略，对于套利者而言，由于锚定套利者对（$S_t + \overline{C}$）价格信息估计高于理性套利者，致使其有利策略交易量少于理性套利者，其平均收益会较低，所以人数比例会下降；而对于投机者，由于锚定投机者对 $\overline{S}_T$ 价格的判断低于理性投机者，所以其有利策略交易量高于理性投机者，平均收益也越大，所以人数比例会增加。第 II、第 III 部分区域的分析同理，在此也不再赘述。所以如果现实情况如图 4 - 4 所示，则从演化过程长期来看，演化状态会趋向于 $x_1 = 0$，$y_1 = 0$，长期来看将不存在锚定投机者和锚定套利者，原因在于锚定交易者获得的信息有偏差，并且对信息的调整不充分，这样的调整不利于他们对市场趋势的判断，所以使得他们在市场中处于劣势。此时长期均衡期货价格为理性模型下的均衡期货价格：

$$F_t = (N_1 A^{s-1} + N_2 A^{a-1})^{-1} \cdot [N_1 A^{s-1} \overline{S}_T + N_2 A^{a-1} (\overline{C} + S_t)]$$

$$(4 - 42)$$

（2）当 $\overline{S}_T < S_t + \overline{C}$ 时（分析过程与上类似，在此不再赘述）

①如果 $\varepsilon^s > 0$ 且 $\varepsilon^a > 0$，则可得演化博弈的位相图（见图4-5）。

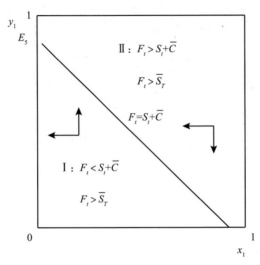

图4-5 博弈位相图5

如果现实情况如图4-5所示，则从演化过程长期来看，演化状态会趋向于点 E_5，在 E_5 点，$x_1 = 0$，$y_1 = \dfrac{N_1 A^{s-1}(S_t + \overline{C} - \overline{S}_T)}{N_2 A^{a-1} B^a \varepsilon^a (1 - \delta^a)}$，此时的长期期货均衡价格为

$$F_t = S_t + \overline{C} \qquad\qquad (4-43)$$

②如果 $\varepsilon^s < 0$ 且 $\varepsilon^a < 0$，则可得演化博弈的位相图（见图4-6）。

如果现实情况如图4-6所示，则从演化过程长期来看，演化状态会趋向于点 E_6，在 E_6 点，$x_1 = \dfrac{N_2 A^{a-1}(\overline{S}_T - \overline{C} - S_t)}{N_1 A^{s-1} B^s \varepsilon^s (1 - \delta^s)}$，$y_1 = 0$，此时的长期期货均衡价格为

$$F_t = \overline{S}_T \qquad\qquad (4-44)$$

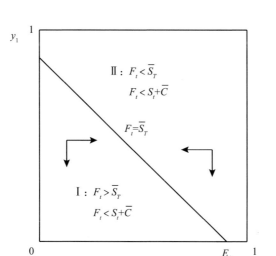

图 4-6　博弈位相图 6

③如果 $\varepsilon^s > 0$ 且 $\varepsilon^a < 0$，则可得演化博弈的位相图（见图 4-7）。

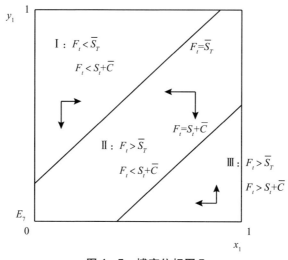

图 4-7　博弈位相图 7

如果现实情况如图 4-7 所示，则从演化过程长期来看，演化状态会

趋向于点E_7，在E_7点，$x_1 = 0$，$y_1 = 0$，此时的长期期货均衡价格为

$$F_t = (N_1 A^{s-1} + N_2 A^{a-1})^{-1} \cdot [N_1 A^{s-1} \overline{S}_T + N_2 A^{a-1}(\overline{C} + S_t)] \qquad (4-45)$$

④如果$\varepsilon^s < 0$且$\varepsilon^a > 0$，则可得演化博弈的位相图（见图4-8）。

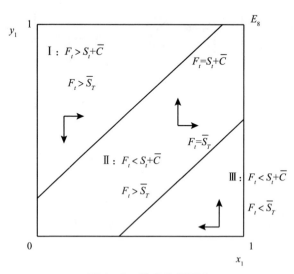

图4-8　博弈位相图8

如果现实情况如图4-8所示，则从演化过程长期来看，演化状态会趋向于点E_8，在E_8点，$x_1 = 1$，$y_1 = 1$。此时长期均衡期货价格为

$$F_t = (N_1 A^{s-1} + N_2 A^{a-1})^{-1} \cdot \{N_1 A^{s-1}[\overline{S}_T + B^s(1-\delta^s)\varepsilon^s]$$
$$+ N_2 A^{a-1}[\overline{C} + S_t + B^a(1-\delta^a)\varepsilon^a]\} \qquad (4-46)$$

4.4　期货市场锚定效应的多主体模拟分析

基于上述对期货市场投资者决策行为的理论分析，本书利用 NetLogo 软件构建了期货市场的多主体模型。模型包含四类期货交易主体（理性投机者、理性套利者、锚定投机者和锚定套利者），对每一类交易主体初始

化的人数为1000人。在每一期的交易中，四类交易主体分别根据当时的市场信息（期货价格、现货价格和持有成本等），按照各自的行为模式做出交易决策，然后市场按照所有交易主体的决策结果计算出新一期的期货价格并更新下一期的现货价格和持有成本等信息。模型设置每个交易主体获得的信息及信息误差、风险厌恶偏好和锚定效应的大小都是不同的，保证了主体行为的异质性。为了使模拟的过程和结果可复现，本书设置模型的随机数种子为1000。模型包含的主要变量的设置如表4-2所示。

表4-2 　　　　　　　　**期货市场多主体模型中包含的主要变量**

主要变量	变量说明	变量取值
sr-population	理性投机者人数	默认取值1000，如果没有该类投资者则设置变量值为0
ar-population	理性套利者人数	默认取值1000，如果没有该类投资者则设置变量值为0
sa-population	锚定投机者人数	默认取值1000，如果没有该类投资者则设置变量值为0
aa-population	锚定套利者人数	默认取值1000，如果没有该类投资者则设置变量值为0
sp-anchoring-coefficient	锚定投机者的锚定效应水平，数值越大，锚定偏差的水平越高	在 [0~1] 取值。在后续的多期实验中，每隔0.05取一次值
ar-anchoring-coefficient	锚定套利者的锚定效应水平，数值越大，锚定偏差的水平越高	在 [0~1] 取值。在后续的多期实验中，每隔0.05取一次值
risk-aversion	投资者的风险厌恶系数，系数越大，则投资者的风险厌恶程度越高	模型校准后的默认取值为0.6
market-liquidity	市场流动性价格调整参数，系数越大，则期货市场的价格变动对多空力量的对比越敏感	在 [0~1] 取值，模型校准后的默认取值为0.6
random-seed	随机数种子，保证模拟实验的可复现	实验中默认取值为1000

续表

主要变量	变量说明	变量取值
spot-price	现货价格。每一期的期货交易模拟结束之后都生成新一期的现货价格，作为下一期的套利者决策过程所需信息	具体数值由多主体模型模拟生成
futures-price	期货价格。每一期的期货交易模拟结束之后都生成新一期的期货价格，作为下一期的投资者决策过程所需信息	具体数值由多主体模型模拟生成
total-trade-volume	每一期模拟交易中多空双方总的交易量	具体数值由多主体模型模拟生成
net-trade-volume	每一期模拟交易中多空双方的净交易量	具体数值由多主体模型模拟生成

期货交易的多主体模拟模型的具体运行流程如图 4-9 所示（模拟模型的具体设计详见本书后边的附录 A 锚定效应的多主体模型 Netlogo 代码）。

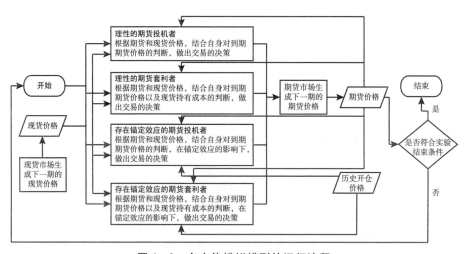

图 4-9　多主体模拟模型的运行流程

为了保证建立的多主体模型是真实市场的一种再现，使得模型后续的实验和结论更符合现实，根据法焦洛（Fagiolo，2019）所总结的校准策略，即模型的模拟结果要符合真实市场的价格特征，本书对构建的多主体模型进行了校准。为此，本书设置每类交易主体数为 1000 人，投资者风险厌恶系数为 0.5，同时市场流动性价格调整参数 l 为 0.6 的情况下，使用模型模拟了 1000 期的期货交易，模拟产生的现货价格和期货价格走势，如图 4 - 10 所示，期现货的价格走势之间有很好的同步性。对生成的期货价格和现货价格数据进行协整分析，发现两者之间有很好的协整性，符合真实市场的价格特征。这说明本书构建的多主体模型能够很好地模拟真实市场的运行，可以用来做下一步的研究。

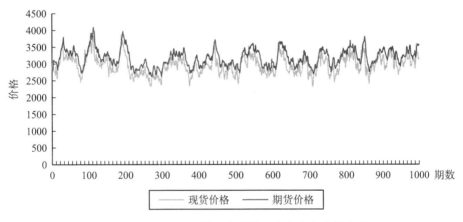

图 4 - 10　模型校准模拟产生的现货和期货价格走势

4.4.1　锚定效应对期货市场价格波动性的影响

（1）模拟实验的设计

　　为了探究期货市场锚定投机者的锚定效应程度 ρ 和锚定套利者的锚定效应程度 β 对期货市场价格波动性的影响，本书对 ρ 和 β 不同取值的组合进行了模拟实验，其中 ρ 从 0 到 0.95 每隔 0.05 取一次值，β 同样从 0 到

0.95 每隔 0.05 取一次值。总的模拟实验次数为 400 次，每次模拟 1000 期的期货交易。其他模型参数都进行统一设置：投资者风险厌恶系数设为 0.5；市场流动性价格调整参数设为 0.6；四类交易主体的人数都设为 1000；随机数种子设为 1000。对每一期的期货交易模拟实验收集的数据包括现货价格、期货价格、总交易量和净交易量。

（2）实验结果分析

基于 400 次模拟实验产生的数据，为了度量期货市场的价格波动性，本书取每次模拟实验 1000 期的期货价格标准差（用 VF 表示）作为期货价格波动性的代理变量，VF 越大则期货市场的价格波动性越高。每次模拟实验都对应着锚定投机者的锚定效应程度 ρ 和锚定套利者的锚定效应程度 β 的不同数值组合。

对锚定套利者和锚定投机者不同锚定效应水平下的期货市场价格波动性（排除交易量对价格波动性的影响）进行统计，得到如图 4 – 11 所示的结果。

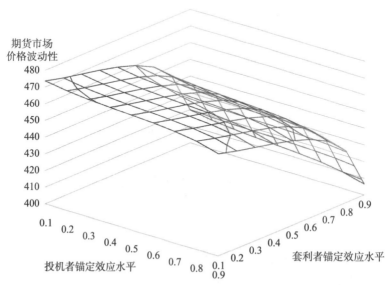

图 4 – 11　锚定套利者和锚定投机者的锚定效应水平对期货市场价格波动性的影响

从图4-11可以初步判断出，套利者的锚定效应水平越高，则对应的期货市场的价格波动性越低，且随着套利者的锚定效应水平的提升，期货市场的波动性下降得越来越快。投机者的锚定效应水平同样降低了期货市场的价格波动性，但是降低的幅度较小。为了定量研究锚定效应水平对期货价格波动性的影响，本书采用如下的回归模型进行分析，其中Vol_{mean}为每次模拟实验中1000期的总交易量的均值，作为每次模拟实验的市场交易活跃程度。

$$VF = \alpha_0 + \alpha_1 \cdot Vol_{mean} + \alpha_2 \cdot \rho + \alpha_3 \cdot \beta + \varepsilon \qquad (4-47)$$

对式（4-47）中的模型需要说明的是，上述实验设置了随机数种子为1000以保证模拟结果的可复现，因而对现货的价格序列进行了控制，以避免每一次模拟实验中现货市场的价格对期货市场的影响都不同。所以在回归模型（4-47）的解释变量中没有纳入现货价格的波动性指标。

具体的回归结果如表4-3所示。回归结果显示，期货市场上投机者和套利者的锚定效应都显著降低了期货市场价格的波动性，同时套利者锚定效应的影响要大于投机者，与图4-11展示的结果基本一致。这一发现说明期货投资者的锚定效应作为一种认知偏差，反而促进了期货市场的价格稳定性。背后的行为金融学解释可能是，锚定效应使得投资者更倾向于在每次交易时只对上次报价做较小幅度的调整，避免了价格的大起大落，从而降低了期货市场总体价格的波动性。

表4-3　　　　　　　　锚定效应对期货市场价格波动性的影响

系数/变量	期货价格的波动性 VF
套利者的锚定系数	-62.140 *** (6.472)
投机者的锚定系数	-16.400 *** (5.951)

续表

系数/变量	期货价格的波动性 VF
总交易量的均值	− 0. 074 *** （0. 021）
常数项	500. 400 *** （65. 260）
观测值	400
R − squared	0. 522

注：括号内为对应的稳健标准误。*** 表示在 1% 的水平下统计显著。

4. 4. 2 锚定效应对期货市场价格发现功能的影响

为了探究期货市场锚定投机者的锚定效应程度 ρ 和锚定套利者的锚定效应程度 β 对期货市场价格发现功能的影响，同上一节研究期货市场价格波动性的实验设置类似，对 ρ 和 β 不同取值的组合进行模拟实验，其他模型参数的设置也保持相同。总的模拟实验次数为 400 次，每次模拟 1000 期的期货交易。

为了衡量期货价格对现货价格的价格发现功能，本书对每一次模拟实验，取每一期的现货价格减去上一期的期货价格的差的绝对值再除以当期的现货价格，得到这一期的误差比率，再对每次实验 1000 期的误差比率求平均值，作为该次模拟实验的期货市场价格发现功能的指标（用 DF 表示），DF 越小则期货市场的价格发现能力越强。

同样对锚定套利者和锚定投机者不同锚定效应水平下的期货市场价格发现指标（排除交易量和期货价格波动性的影响）进行统计，结果如图 4 - 12 所示。

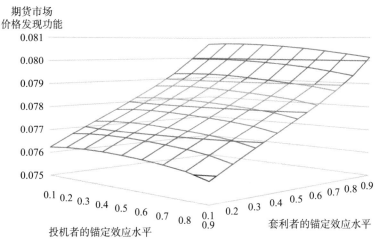

**图4-12 锚定套利者和锚定投机者的锚定效应水平
对期货市场价格发现功能的影响**

从图4-12可以初步判断出，套利者锚定效应的存在降低了期货市场的价格发现功能，而投机者锚定效应的存在则促进了期货市场的价格发现功能。

为了定量研究锚定效应水平对期货市场价格发现功能的影响，本书采用如下的回归模型，回归结果如表4-4所示。

$$DF = \lambda_0 + \lambda_1 \cdot VF + \lambda_2 \cdot Vol_{mean} + \lambda_3 \cdot \rho + \lambda_4 \cdot \beta + \varepsilon \quad (4-48)$$

表4-4　　　　　　锚定效应对期货市场价格发现功能的影响

系数/变量	期货的价格发现功能 DF
套利者的锚定系数	0.005 *** (0.000133)
投机者的锚定系数	-4.92e-04 *** (9.70e-05)
期货价格的波动性	-2.24e-05 *** (1.00e-06)

77

续表

系数/变量	期货的价格发现功能 DF
总交易量的均值	$3.82e-06$ *** $(4.12e-07)$
常数项	0.076 ** (0.001)
观测值	400
R – squared	0.987

注：括号内为对应的稳健标准误。＊、＊＊、＊＊＊分别表示在10%、5%和1%的水平下统计显著。

表4-4的回归结果同样验证了图4-12中的初步判断，即套利者的锚定效应水平越高，期货市场的价格发现功能越弱，但是投机者的锚定效应水平越高，对应期货市场的价格发现功能越强。

为了探究套利者和投机者的锚定效应对期货市场价格发现功能的不同影响背后的原因，首先需要分析套利者和投机者在期货市场中分别扮演着怎样的角色。因此本书基于多主体期货模型对不同类型投资者存在的期货市场的价格发现功能进行了模拟分析。实验设计在四类期货投资者（理性投机者、理性套利者、锚定投机者和锚定套利者）中选取不同类型的投资者组合加入到期货市场中。如果市场中存在某种类型的期货投资者则设置该类投资者的人数为1000，如果不存在某种类型的期货投资者则设置其人数为0，最终得到含有不同类型投资者的期货市场类型共15种（如表4-5所示），其他模型参数设置与上述两个实验相同。对每种市场类型都进行1000期的期货交易模拟，然后基于每种市场类型模拟得出的数据，分析该期货市场的价格发现功能，最终的结果如表4-5所示。

表 4 – 5 　　不同期货市场类型下期货的价格波动性和价格发现功能

期货市场类型	期货市场的价格发现功能指标 DF
（1）只有理性投机者	0.167
（2）只有锚定投机者	0.217
（3）只有理性套利者	0.081
（4）只有锚定套利者	0.081
（5）理性投机者 + 锚定投机者	0.142
（6）理性套利者 + 锚定套利者	0.081
（7）理性投机者 + 理性套利者	0.084
（8）锚定投机者 + 锚定套利者	0.085
（9）理性投机者 + 锚定套利者	0.086
（10）锚定投机者 + 理性套利者	0.083
（11）没有理性投机者	0.081
（12）没有理性套利者	0.086
（13）没有锚定投机者	0.082
（14）没有锚定套利者	0.085
（15）四种投资者全都有	0.083

　　表 4 – 5 中期货市场类型（1）、（2）和（5）都是只有投机者存在的期货市场，而其他 12 种期货市场都有套利者的参与。通过模拟结果的统计可以发现，仅有投机者参与的期货市场类型的价格发现功能指标 DF 都明显大于有套利者参与情形下的指标，说明投机者的参与实际上降低了期货市场的价格发现功能。

　　结合上述套利者和投机者在影响期货市场价格发现功能时的不同作用，本书试图分析套利者和投机者的锚定效应对期货市场价格发现功能的不同影响背后的原因：套利者作为稳定期货市场和现货市场之间价格联系的主要力量，其锚定效应的存在降低套利者在每次套利交易时的报价波动，从而弱化了其套利的力量，最终使得期货市场对现货市场的价格发现能力有所下降。而根据表 4 – 5 的结论可知，投机者的投机交易对期货市场的价格发现能力有负面影响，所以当投机者存在锚定效应时，锚定效应通过降低其每次交易报价的波动性进而减弱了投机者的力量，最终使得期货市场的价格发现功能相对提升。

4.4.3 结论分析

本小节的研究以期货市场个人投资者账户的日度交易数据为样本，对我国商品期货市场上个人投资者锚定效应的存在性进行了检验。研究在排除了私人信息对锚定效应的影响后，发现我国期货市场上的个人投资者在商品期货合约的投资过程中，当期的合约开仓报价会对其上一次的开仓价格存在显著的锚定效应。

锚定效应的影响并不是来自有价值的信息，而是由无意义的数字造成调整不充分，这显然是一种不理性的行为。传统观点认为，投资者的行为偏差（例如羊群效应、过度交易和处置效应等）往往会对市场运行造成负面影响，但是本书通过多主体复杂系统模型的仿真实验研究发现锚定效应在个体层面体现出的非理性并不必然会给期货市场带来负面影响，甚至大部分情况下对期货市场的价格稳定和价格发现功能都起到了促进作用，这与人们对投资者认知或行为偏差的传统认知有所不同。研究结果表明，期货市场上的投机者和套利者由于受到上次报价带来的锚定效应，其开仓价格的调整幅度都不够充分，避免了价格的大起大落，从而有效降低了期货市场整体的价格波动性；投机者的投机交易本身对期货市场的价格发现功能有负面影响，而锚定效应的存在降低了其每次交易报价变动的幅度，相当于减弱了投机交易的力量，最终促进了期货市场对现货市场的价格发现功能的实现；套利者的套利行为是维系期货和现货市场间价格联系的主要力量，对期货市场的价格发现功能的实现有促进作用，锚定效应通过降低其报价变动幅度从而弱化了套利力量，最终弱化了期货市场对现货市场的价格发现功能的实现。

第5章
期货市场投资者的代表性认知偏差和过度反应研究

　　个体在判断推理时，常常认为有代表性的事物更容易被从记忆中提取出来作为判断依据，这种思维方式被称作代表性认知偏差或者代表性启发式心理。与代表性启发式心理紧密相关的一个问题是过度反应问题。学者们一般认为，代表性启发式心理会导致人们对于典型事件反应过度，而锚定启发式心理会导致人们对事件发生反应不足。对于过度反应问题的研究，国内外也已经取得了一些成果，如德邦特和泰勒（De Bondt and Thaler，1985）利用事件研究法证实了股票市场存在过度反应行为，王和于（Wang and Yu，2004）利用反转交易策略研究法进一步证实了这种行为在股票市场和期货市场的存在，沈艺峰和吴世农（1999）也利用类似的方法得出了我国的股票市场存在过度反应的结论。期货市场是否存在如股票市场中的过度反应现象？本章节的研究旨在回答这一问题。

　　本书尝试探讨检验代表性启发式心理的新思路，运用变动协调相关性和灰色关联度的方法，以国际石油期货市场为研究对象，对代表性启发式心理进行实证检验，同时运用事件研究法对期货市场的过度反应现象进行分析。

5.1 代表性启发式心理的实证检验方法

代表性启发式是指人们在不确定性条件下，通常会简单地用类比的方法去判断，即以 A 与 B 的相似性为依据，通过事件 A 的相关数据和信息评估事件 B。如果现实中人们在决策时存在这种心理，对于类似事件的发生人们的反应情况应该比较接近，即同类事件的历史会有"惊人的相似"。所以只要找到类似事件的数据，证明这些事件的数据之间有相似性，就可以说明代表性启发式心理的存在。对于检验数据序列之间的相似性，本书尝试采用以下两种方法。

5.1.1 变化协调相关性检验

变化协调相关性是检验两个随机变量的变化是否协调一致的一种方法。设有 $(x1、y1)$ 和 $(x2、y2)$ 是 $(x、y)$ 的两个对立样本，若 $(x1-x2)(y1-y2)>0$，这表明 x 的变化和 y 的变化是协调的，它们都变大或都变小。相反，若 $(x1-x2)(y1-y2)<0$，就是不协调的，一个变大时另一个就变小。定义变化协调指标：

$$Q = P((x1-x2)(y1-y2)>0) - P((x1-x2)(y1-y2)<0)$$

$$(5-1)$$

其中，$P(\ )$ 表示随机变量 x 和 y 的联合概率。指标 Q 反映了变化协调的程度，从而度量它们之间的相关性。在实际数据分析时，由于难以确定随机变量的概率分布，一般用频率来估计概率，具体操作可以参考相关文献。

5.1.2 灰色关联度检验

灰色关联度的根本思想是根据曲线间相似程度来判断因素间的关联程

度。此方法的优点是对样本量的大小没有太高要求，分析时也不需要典型的分布规律。判断因素序列灰色关联程度的方法有很多种，如一般关联度、绝对关联度、斜率关联度、T 型关联度等。本书根据研究对象的特点采用的是绝对关联度。

5.2　代表性启发式心理的实证检验

5.2.1　样本选取

本书实证的数据为美国西德克萨斯轻质原油（WTI）期货合约的价格数据，全部数据来源于美国能源署网站，事件发生时间线参考美国能源署网站提供的石油市场大事记。

代表性启发式心理的实证需要选取历史上发生的相似的事件来进行比较。为了消除实证结果的偶然性因素，我们选取了在石油市场历史上发生次数频繁的 OPEC 会议作为一类相似事件进行分析，共选取了 2000 ~ 2006 年 12 次 OPEC 的会议。按照会议决策结果的不同分为两类：一类为决策增产会议，有 7 个会议，会议时间分别为 2000 年 3 月 28 日、6 月 21 日和 9 月 10 日，2002 年 12 月 12 日，2004 年 6 月 3 日，2005 年 3 月 16 日和 6 月 15 日；另一类为决策减产会议，有 5 个会议，会议时间分别为 2001 年 1 月 17 日和 12 月 28 日，2004 年 2 月 11 日，2006 年 10 月 19 日和 12 月 14 日。另外，考虑到 OPEC 会议并非典型事件，有可能难以体现人们的代表性启发式心理，所以我们又选取了中东地区的两次军事行动（时间跨度分别为 1991 年 1 月 17 日至 1991 年 2 月 28 日和 2003 年 3 月 21 日至 2003 年 5 月 1 日）作为一类相似事件进行分析，原因在于这两次事件都是美国对伊拉克采取的军事行动，且持续的时间长度正好相等，具有一定程度的相似性和典型性。

5.2.2 OPEC 会议代表性启发式心理检验

我们采用变动协调相关性检验方法，其计算方法如下：

设有两个时间序列 $\{x_i \mid i = 1, 2, \cdots, n\}$ 和 $\{x_i \mid i = 1, 2, \cdots, n\}$，定义：

$$a_{ij} = \begin{cases} 1, & x_i > x_j \\ 0, & x_i = x_j \\ -1, & x_i < x_j \end{cases}, \quad i, j = 1, 2, \cdots, n,$$

$$b_{ij} = \begin{cases} 1, & y_i > y_j \\ 0, & y_i = y_j \\ -1, & y_i < y_j \end{cases}, \quad i, j = 1, 2, \cdots, n \qquad (5-2)$$

然后计算

$$S = \sum_{j \neq i}^{n} \sum_{i=1}^{n} a_{ij} b_{ij} \qquad (5-3)$$

S 的值正是 $a_{ij} b_{ij} = 1$ 的个数减去 $a_{ij} b_{ij} = -1$ 的个数，也就是 $(x_i - x_j)$ 与 $(y_i - y_j)$ 同号的个数减去不同号的个数。最后计算

$$Q = \frac{S}{n(n-1)/2} = \frac{\sum_{j \neq i}^{n} \sum_{i=1}^{n} a_{ij} b_{ij}}{n(n-1)/2} \qquad (5-4)$$

作为 $Q = P[(x1 - x2)(y1 - y2) > 0] - P[(x1 - x2)(y1 - y2) < 0]$ 的样本估计值。易见 Q 的值在 $[-1, 1]$ 之间，如果 Q 值越大，则说明两个时间序列的协调变动越具有一致性；如果 Q 值越小，则说明两个序列的协调变化越具有反向性。Q 值大于 0，说明两个时间序列的变动一致性大于反向性；Q 值小于 0，说明序列的变动反向性大于一致性。

同时，为了看出人们的代表性启发式心理短期是否比长期表现得更为明显，我们选取每个会议开会前 5 天和后 4 天共 10 天的价格数据作为事件发生期间的长期价格走势，开会前 2 天和后 2 天共 5 天的数据作为短期

的价格走势，分别计算这两个不同时间段的变动协调相关程度，再对它们进行比较分析。对长期和短期的同类事件的序列之间进行两两的变动协调相关性检验（分别算出这些序列之间的 Q 值），再取这些 Q 值的平均值作为在这个时间长度的同类事件协调变动一致性程度的度量，其结果如表 5-1 和表 5-2 所示。

表 5-1 　　　　　　　决策增产 OPEC 会议协调变动相关性检验

Q 值	长期	短期
1&2 序列	0.29	0
1&3 序列	- 0.29	0.2
1&4 序列	- 0.53	- 0.6
1&5 序列	0.82	1
1&6 序列	- 0.2	- 0.6
1&7 序列	- 0.47	- 0.4
2&3 序列	- 0.47	- 0.8
2&4 序列	- 0.4	0
2&5 序列	0.38	0
2&6 序列	- 0.11	0
2&7 序列	- 0.38	0.2
3&4 序列	0.22	- 0.2
3&5 序列	- 0.2	0.2
3&6 序列	- 0.16	- 0.2
3&7 序列	0.29	0
4&5 序列	- 0.49	- 0.6
4&6 序列	0.37	0.6
4&7 序列	0.76	0.8
5&6 序列	- 0.29	- 0.6
5&7 序列	- 0.64	- 0.4
6&7 序列	0.29	0.4
Q 值平均值	- 0.058	- 0.048

注：1~7 序列分别表示时间为 2000 年 3 月 28 日、6 月 21 日和 9 月 10 日，2002 年的 12 月 12 日，2004 的年 6 月 3 日，2005 年的 3 月 16 日和 6 月 15 日的 OPEC 会议所对应的油价序列。

表 5 – 2   决策减产 OPEC 会议协调变动相关性检验

Q 值	长期	短期
1&2 序列	0.36	0
1&3 序列	0.31	0.4
1&4 序列	0.04	−0.2
1&5 序列	0.22	0.2
2&3 序列	0.33	−0.6
2&4 序列	0.42	0.4
2&5 序列	0.24	−0.8
3&4 序列	0.07	0
3&5 序列	0.69	−0.4
4&5 序列	0.07	−0.6
Q 值平均值	0.275	−0.16

注：1~5 序列分别表示时间为 2001 年 1 月 17 日和 12 月 28 日，2004 年 2 月 11 日，2006 年 10 月 19 日和 12 月 14 日的 OPEC 会议所对应的油价序列。

由表 5 – 1 和表 5 – 2 可以看出，除了决策减产的 OPEC 会议长期的 Q 值平均值为正，显示出协调变动的一致性趋向外，其余的 Q 值平均值均为负数，没有表现出协调变动的特征，甚至还表现出轻微的反向变动协调倾向，从而说明人们对相似的 OPEC 会议的价格走势判断并不协调一致。但是，相对来说，人们对负面信息（如减产）比较敏感，从而使其投资行为具有一定的相似性。此外，决策增产的 OPEC 会议短期的 Q 值平均值仅轻微大于长期的 Q 值平均值，而决策减产的 OPEC 会议短期的 Q 值平均值甚至比长期的 Q 值平均值还小很多，所以没有理由认为人们对类似事件短期内的判断会比长期内的判断相似性更大。总而言之，以上数据分析表明代表性启发式心理在 OPEC 会议此类事件中表现并不显著。

5.2.3　代表性启发式心理检验

由于可用来比较的军事行动因素不多，这里我们采用灰色关联度中的绝对关联度方法来检验。其基本思想是，根据两个时间序列在对应时段曲线上斜率的接近程度来判断曲线的相似性，若两曲线在各时间段上曲线斜率相等或相差较小，则两者的关联系数就大，反之就小。绝对关联度系数如下：

$$r(x_0, x_i) = \frac{1}{n-1} \sum_{k-1}^{n-1} \frac{1}{1 + |\Delta(x_0(k+1)) - \Delta(x_i(k+1))|} \qquad (5-5)$$

其中，$\{x_0\}$，$\{x_i\}$ 为两个时间序列，同时有：

$$\Delta(x_0(k+1)) = x_0(k+1) - x_0(k), \quad k = 1, 2, \cdots, n-1$$
$$\Delta(x_i(k+1)) = x_i(k+1) - x_i(k), \quad k = 1, 2, \cdots, n-1$$

灰色关联度方法需要确定一个母序列和若干子序列，通过计算各子序列与母序列的关联度大小，来比较子序列与母序列的相似性，关联度越大，表示这个子序列与母序列越相似。我们选取第二例军事行动事件样本（2003.3.21~2003.5.1）所对应的油价序列作为母序列，第一例军事行动事件样本（1991.1.17~1991.2.28）所对应的油价序列作为一个子序列，另外选取两次事件前的两个时间序列和事件后的两个时间序列，加上2000年、2001年和2002年与事件发生日期相同（3月21日至5月1日）的三个时间序列，共8个时间序列作为灰色检验的子序列。通过计算绝对关联度，如果子序列的关联度值比其他子序列的值都大，则表明第一例军事行动期间的价格变化与第二例军事行动期间的相似性最大，从而在一定程度上可以认为，人们在受到军事行动因素影响时存在代表性启发式心理。各序列的灰色关联度检验结果如表5-3所示（由于序列之间的单位是一致的，所以不需要无量纲化）。

表 5 - 3   军事行动因素的灰色关联度检验

子序列	母序列与各子序列的关联度	关联序
军事行动事例 1 （1991. 1. 17 ~ 1991. 2. 28）	0.559	6
军事行动前 1 （1990. 12. 3 ~ 1991. 1. 16）	0.522	7
军事行动前 2 （1990. 10. 19 ~ 1990. 12. 2）	0.458	8
军事行动后 1 （1991. 3. 1 ~ 1991. 4. 12）	0.568	5
军事行动后 2 （1991. 4. 13 ~ 1991. 5. 24）	0.5859	2
2000 年 （2000. 3. 21 ~ 2000. 5. 1）	0.610	1
2001 年 （2001. 3. 21 ~ 2001. 5. 1）	0.576	4
2002 年 （2002. 3. 21 ~ 2002. 5. 1）	0.5857	3

从表 5 - 3 中的关联序可以看出，两次军事行动事例之间的关联序排在所有子序列靠后的位置，价格变化的相似性甚至还不如其他时期的序列，表明代表性启发式心理在军事行动因素的影响下体现得也不明显。

5.3   过度反应的实证检验

采用事件研究法进行检验，事件的选取以代表性启发式心理检验中的事件为基础，具体为 2000 ~ 2006 年包括决策不增产不减产会议在内的 36 次 OPEC 会议和 2003 年的军事行动事件，分别检验人们在 OPEC 会议和军事行动事件期间是否存在过度反应行为。

整个研究区间的日期为 2001 年 1 月 1 日至 2006 年 12 月 31 日，这个区间每天的价格波动率采用当天的价格减去前一天的价格再除以前一天的价格，计算公式如下：

$$DF_i = \frac{|P_i - P_{i-1}|}{P_{i-1}} \times 100\% , \ i = 2, \ 3, \ \cdots, \ N \qquad (5-6)$$

其中，N 为考察期数。得到每天的价格波动率后，再求和除以样本个数得到考察区间的价格波动率均值，其值为 $DF_i = 1.97\%$，此值可以看作正常情况下油价波动的程度。

OPEC 会议的价格波动率采用 2000 ~ 2006 年 36 个 OPEC 会议开会当天、前一天和后一天的数据，分别算出两个波动率序列，即

$$F_{it}^{(1)} = \frac{\mid P_i - P_{i-1} \mid}{P_{i-1}} \times 100\% , \quad F_{it}^{(2)} = \frac{\mid P_{i+1} - P_i \mid}{P_i} \times 100\% \quad （5-7）$$

其中，$F_{it}^{(1)}$，$F_{it}^{(2)}$，$i = 1, 2, \cdots, 36$ 表示第 i 个 OPEC 会议的两个油价波动率。得到两个波动率序列后，再把两个序列合成一个序列作为会议发生前后价格波动率的序列 $F_t = \{F_{it}^{(1)}, F_{it}^{(2)}, i = 1, 2, \cdots, 36\}$，然后用 t 检验方法检验序列波动性大于整个研究期间价格波动率均值的显著性，检验结果如表 5 - 4 所示。

表 5 - 4　　　　　　　　　　　OPEC 会议过度反应检验

序列	零假设				
	平均值	t 值	自由度	标准差	显著性概率
$F_t - \overline{DF_{F_t}}$	0.004151	1.805325	72	0.019508	0.0753

由表 5 - 4 可知，OPEC 会议开会前后价格波动率大于整个区间价格波动率的显著性概率是 0.0753，在显著水平 0.1 下是显著的，显示出人们对于 OPEC 会议具有过度反应的倾向。

军事行动期间有 30 个样本值，所以不需要取额外的数据。按照式（5 - 6）计算出军事行动发生期间的价格波动率序列，然后再用 t 检验方法检验这个事件发生期间的价格波动率是否显著大于整个研究期间价格波动率均值，检验结果如表 5 - 5 所示。

表 5 - 5　　　　　　　　军事行动因素过度反应检验

序列	零假设				
	平均值	t 值	自由度	标准差	显著性概率
$F_t - \overline{DF}$	0.009235	2.17285	29	0.022886	0.0384

注：在军事行动期间，用 30 个样本值计算油价波动率，只能得到 29 个数据，所以检验的自由度为 29。

从表 5 - 5 可以看出，军事行动期间的价格波动率大于整个区间价格波动率的显著性概率为 0.0384，为高度显著，表明人们对于军事行动的爆发存在过度反应行为。此外，这个显著性概率大于 OPEC 会议事件的显著性概率，表明人们对于军事行动事件的反应要剧烈于 OPEC 会议，主要原因在于军事行动属于典型事件，容易引起人们的注意，而 OPEC 会议每年定期召开，频繁发生，人们对其关注度相对较弱。

5.4　结论分析

对特沃斯基和卡尼曼（1974）所提出的代表性启发式心理，本书尝试提出新的实证检验思路：运用变动协调相关性检验和灰色关联度的方法来检验人们在决策时存在的代表性启发式心理，并以国际石油期货市场为考察对象，对 OPEC 会议事件和两次军事行动事件进行了代表性启发式心理的检验。此外，还使用事件研究法检验了石油期货市场中人们对于这些事件是否存在过度反应的现象。通过实证分析，得出以下主要结论。

①不论是对 OPEC 会议还是军事行动等典型事件，人们对于这些类似事件作出的价格判断并不存在明显的代表性启发式心理。特别是随着国际石油期货市场的日益完善和成熟，历史并不会简单和机械地重演，石油期货市场中人们在事件判断上还是相对理性的，不会简单地依照类似的事件进行相似的决策，而是主要根据事件发生当时的实际情况来做出抉择。

②不论是对于市场中频繁发生的事件还是典型的事件，人们对于石油市场中发生的事件具有过度反应的倾向，但对于典型发生的事件要比频繁发生的非典型事件反应更为激烈。由于存在过度反应现象，说明在石油期货市场中存在非理性因素，有可能影响到石油期货市场的有效性。

本章节研究的不足之处在于，在做代表性启发式心理的检验时，我们只是对较短时间内的日价格数据的相似性进行了分析，如果选取周数据或月数据进行检验，其结论是否成立有待进一步研究。另外，如果选取的事件在发生期间还受到其他事件的影响，对结论也会有一定的影响。

第**6**章
期货投资者的处置效应研究

优秀投资者的一个重要特质就是能够在亏损的时候及时止损、盈利的时候能长时间持有资产从而享受更高的收益。但是对于大部分投资者来说，在面对亏损资产时，总是不愿意卖出资产，认为当下卖出就意味着真正造成了亏损，继续持有说不定还能涨回来。在面对盈利资产时，投资者往往又想尽早落袋为安，不愿意过久地持有，害怕后期亏损的风险。这种"售盈持亏"的行为偏差，就是所谓的处置效应。谢弗林和斯塔特曼（Shefrin and Statman，1985）首次研究并提出了这个概念。处置效应是投资者在投资过程中最容易意识到的行为偏差，但是即使意识到了仍然难以克服，所以巴维里斯和熊（Barberis and Xiong，2009）将处置效应称作"个人投资者最稳定的投资特征之一"。

处置效应在投资领域非常普遍，如股票市场、期货市场、房地产市场等领域的投资者都被证明存在明显的处置效应。已有的研究发现，相较于机构投资者，个人投资的处置效应强度更高。这可能跟机构投资者的投资经验更加丰富有关，因为有研究证明处置效应会随着投资者的投资经验的提升而减弱。

处置效应的实证方法主要有两种。第一种方法是奥丁（1998）提出的（$PGR - PLR$）方法，这种方法主要是通过测算投资者对账面亏损资产和账面盈利资产的出售比例的差别来证明是否存在处置效应，如果投资者出售账面盈利资产的比例明显要大于出售账面亏损资产的比例，就说明投资者更愿意"售盈持亏"，即存在处置效应。第二种方法是格林布拉特和克洛哈茹（Grinblatt and Keloharju，2001）在研究中采用的回归法，这种方法主要通过回归模型来分析股票盈利与股票持有数量间的变化，如果投资者普遍存在处置效应，则股票卖得相对多的时候应该就是实现盈利的时候。本书采取的实证检验方法是奥丁（1998）使用的方法。

处置效应作为一种广泛存在的行为偏差，其对金融市场的运行以及投资者的收益必然是有影响的。已有的研究表明，处置效应会降低股票市场的价格波动性，同时损害股市投资者的投资收益。但是处置效应会对期货市场的有效运行和期货投资者福利造成哪些影响，目前研究的并不多。本章将对这些问题进行研究。

6.1　期货投资者处置效应的实证检验

6.1.1　研究方法和数据的初步处理

（1）研究使用的数据

在对我国期货市场投资者是否存在处置效应的研究中，本书使用的数据覆盖了 2019 年 1 月 1 日至 2020 年 12 月 31 日两年时间共 286 个投资账户的交易记录，总计 2051035 条，涉及的期货期权产品共有 66 种。

（2）实证方法

本书采用奥丁（1988）提出的实证方法来检验我国期货投资者是否存在处置效应。具体方法如下：

$$DE_i = PGR_i - PLR_i \qquad (6-1)$$

$$PGR_i = \frac{N_{RG}^i}{N_{RG}^i + N_{PG}^i} \qquad (6-2)$$

$$PLR_i = \frac{N_{RL}^i}{N_{RL}^i + N_{PL}^i} \qquad (6-3)$$

i 表示我国期货市场投资者账户 i，上述每一个指标都是基于单个投资者 i 的投资记录进行计算的。

N_{RG}^i 表示在期货投资者账户 i 在某交易日对持有的某期货合约进行平仓操作，并且实现了盈利的情况下，这类平仓且盈利的合约总数。N_{PG}^i 表示在某个投资者账户 i 在某交易日对持有的某期货合约未进行平仓操作，但该合约实际上存在账面盈利的情况下，这类合约的总数。

N_{RL}^i 表示在某个投资者账户 i 在某交易日对持有的某期货合约进行平仓操作，并且产生亏损的情况下，这类平仓且亏损的合约总数。N_{PL}^i 表示在某个投资者账户 i 在某交易日对持有的某期货合约未进行平仓操作，但该合约实际上存在账面亏损的情况下，这类合约的总数。

这种方法就是针对期货投资者账户 i 在研究时间段内，基于其所投资的所有合约，计算其对账面盈利合约进行平仓的比率 PGR_i 和其对账面亏损合约进行平仓的比率 PLR_i，再用（$PGR_i - PLR_i$）的结果正负来检验处置效应 DE_i 是否存在。如果 $DE_i > 0$ 则说明投资者 i 更愿意平仓有盈利的合约而过久过多地持有亏损的合约，即存在处置效应。如果 $DE_i \leq 0$ 则说明投资者 i 不存在处置效应。

此研究并没有考虑交易费用对盈亏的影响，主要基于以下两点：首先交易费用的数据并不是很完整，如果进行数据清理会降低数据规模。其次，期货公司对交易费用是单独结算的，同时投资者在投资软件中直接看到的是对某种合约的开仓价格和不同交易日的市场价格，交易费用对投资者判断盈亏的影响较小，这也符合已有的研究采用的方法（奥丁，1998；许志，2013）。

6.1.2　实证过程与结果

在对原始数据进行处理时，筛选掉了一部分投资记录极少的账户和个别机构投资者的账户数据。这部分账户一部分是交易极其不活跃的账户，另一部分是开户时间比较晚，交易时长较短的账户。处理后留存的 2019

年的投资者账户有 214 个，2020 年的投资者账户有 213 个。

在对投资者 i 投资的某期货合约进行账面（实现）盈利或者账面（实现）亏损的判定时，采取的方法是根据当天的合约价格和投资者的合约开仓价格的大小比较进行的。对每个投资者在每个交易日持有或平仓的每一个合约品种都分别进行判断，从而对每个投资者在两年时间内的投资行为都计算一个 DE 值来判断其处置效应的存在性。

在对 N_{PL}、N_{PG}、N_{RL}、N_{RC} 进行计数的过程中，本书根据投资者、交易日、期货合约三个维度来确定每一次的计数，而不是采取许志（2013）在研究中直接对交易日进行统计的方式，采用的统计方式更为合理，同时也为研究性别等投资者个体差异对处置效应的影响提供了便利。

在对 2019 年和 2020 年 200 多位个体投资者的投资记录进行统计分析后，得出的处置效应的结果如表 6 – 1 所示。

表 6 – 1　　　　　　　　　期货投资者处置效应统计结果

变量	2019 年	2020 年
投资账户总数	214	213
整体投资者的 DE 均值	0.09	0.06
$DE > 0$ 的投资账户数	142	143
$DE \leq 0$ 的投资账户数	72	70
DE 的最大值	0.71	0.75
DE 的最小值	– 1.00	– 0.52
男性投资者的 DE 均值	0.07	0.04
女性投资者的 DE 均值	0.17	0.11

从统计结果看，2019 年和 2020 年我国期货市场的个人投资者普遍都存在处置效应，并且 2020 年的处置效应明显小于 2019 年的处置效应。同时，女性投资者的处置效应 DE 均值在 2019 年和 2020 年两年中都要明显大于男性投资者的处置效应 DE 均值，且在数值上都达到了后者两倍以上

的程度，说明我国期货市场上女性投资者表现出来的处置效应要明显高于男性投资者的处置效应。这一结论也与日常认知相符合，女性投资者的投资风格往往更加保守，从而更倾向于"售盈持亏"。

应用同样的处置效应计算方法，奥丁（1998）对美国股票市场测算出的处置效应的值为0.05；崔和埃姆（Choe and Eom，2009）对韩国期货市场测算出的处置效应为0.078；武佳薇等（2020）对我国股票市场测算出的处置效应为0.21。对比上述结果可以发现，我国期货市场的处置效应和韩国期货市场的处置效应处于同一水平，同时远远小于我国股票市场的处置效应。

6.2　期货投资者处置效应的模拟研究

6.2.1　处置效应影响下的投资决策模型

存在处置效应的期货市场的多主体模型包括的投资者类型类似我们在锚定效应的期货市场多主体模型中的设定，分别是理性投机者、处置效应投机者、理性套利者和处置效应套利者。每一类型的期货投资者都会进行开仓操作和平仓操作，且在开仓决策的时候不会表现出处置效应，而在平仓决策时则会产生处置效应，从而会出现相对于盈利持仓合约来说，过久地持有亏损合约的倾向。

（1）交易主体的开仓决策行为

由于开仓过程不会受到处置效应的影响，四类交易主体的开仓决策默认都是理性的。投机者开仓决策与我们在存在锚定效应的期货市场模拟中的理性投机者的决策相同，具体的决策数理模型请参考本书对应章节。投机者的最终开仓决策为

$$Q_{sri}^* = \left(\frac{\lambda_{sri}\sigma_s^2\sigma_{sri}^2}{\sigma_s^2 + \sigma_{sri}^2} \right)^{-1} \left[\bar{S}_T - F_t + \frac{\sigma_s^2(m_{sri} - \bar{S}_T)}{\sigma_s^2 + \sigma_{sri}^2} \right] \qquad (6-4)$$

其中，Q_{sri}^* 的正负表示开仓的买卖方向，取值为正表示买入开仓，取值为负表示卖出开仓。同时，为了合理简化多主体模型，投机者开仓的价格为当期的期货市场价格。

同理可推出套利者的开仓决策为

$$Q_{ari}^* = \left(\frac{\lambda_{ari}\sigma_c^2\sigma_{ari}^2}{\sigma_c^2 + \sigma_{ari}^2} \right)^{-1} \left[\bar{C} + S_t - F_t + \frac{\sigma_c^2(m_{ari} - \bar{C})}{\sigma_c^2 + \sigma_{ari}^2} \right] \qquad (6-5)$$

（2）交易主体的平仓决策行为

期货投资者由于受到处置效应的影响，在平仓过程中会出现"售盈持亏"的非理性行为。具体表现为理性投资者（无论是投机者还是套利者）的平仓账面盈亏合约的概率相同，但是存在处置效应的投资者（无论是投机者还是套利者）平仓账面亏损合约的概率要小于平仓账面盈利合约的概率，两种概率之间的差值即我们所测算的处置效应大小。

6.2.2　期货市场处置效应的多主体模型构建

为了更好地观察处置效应对不同类型期货投资者以及期货市场运行的影响，本书对存在处置效应的期货市场运行进行了多主体建模，并通过模拟实验研究投资者的处置效应。

出于合理简化模型的原因，我们假设期货市场模型只有一种期货合约可以被交易。在每一期的期货交易中，一开始四种类型的期货投资者会根据当前的期货价格以及现货价格，按照自身的判断做出开仓的决策。当投资者对持仓的合约进行平仓决策时，理性投机者和理性套利者由于不存在处置效应，会按照正常概率选择平仓还是继续持有。而处置效应投机者和处置效应套利者则会在处置效应的影响下进行平仓决策，从而倾向于"售盈持亏"。在所有投资者都完成开仓和平仓交易之后，市场按照所有投资者的决策结果，根据买卖双方的力量对比，计算出新一期的期货价格并更新下一期的现货价格和持有成本等信息。至此，当期的期货交易流程结束，市场进入下一期的运行。模型设置每个交易主体获得的信息、信息的误差以及平仓盈利合约的概率都是不同的，保证了主体行为的异质性。为了使模拟的过程和结果可复现，本书设置模型的随机数种子为1000。模型包含的主要变量的设置如表6-2所示，存在处置效应的多主体模型的运行流程如图6-1所示（模拟模型的具体设计详见本书后边的附录B处置效应的多主体模型 Netlogo 代码）。

表6-2 　　　　　　　期货市场多主体模型中包含的主要变量

主要变量	变量说明	变量取值
sr-population	理性投机者人数	默认取值1000，如果没有该类投资者则设置变量值为0
ar-population	理性套利者人数	默认取值1000，如果没有该类投资者则设置变量值为0
sa-population	处置效应投机者人数	默认取值1000，如果没有该类投资者则设置变量值为0
aa-population	处置效应套利者人数	默认取值1000，如果没有该类投资者则设置变量值为0
PGR	投资者对盈利合约进行平仓的概率	$PGR \in (0, 1]$，每个投资者都会按照 $PGR \sim N(0.7, 0.04)$ 的正态分布来生成各自的 PGR 值。如果生成的 $PGR < 0$，则取0.1，如果生成的 $PGR > 1$，则取1
sp-DE-coefficient	处置效应投机者的处置效应水平，数值越大，处置效应偏差的水平越高	在 [0~1] 取值。在后续的多期实验中，每隔0.01取一次值
ar-DE-coefficient	处置效应套利者的处置效应水平，数值越大，处置效应偏差的水平越高	在 [0~1] 取值。在后续的多期实验中，每隔0.01取一次值
position-volume	每个投资者的持仓记录中不同时间的开仓交易量	position-volume 为正表示做多，为负表示做空，绝对值为手数

续表

主要变量	变量说明	变量取值
position-price	每个投资者的持仓记录中不同时间的开仓价格	position-price 的数值等于开仓当期的期货价格
risk-aversion	投资者的风险厌恶系数，系数越大，则投资者的风险厌恶程度越高	模型校准后的默认取值为 0.6
market-liquidity	市场流动性价格调整参数，系数越大，则期货市场的价格变动对多空力量的对比越敏感	在 [0~1] 取值，模型校准后的默认取值为 0.6
random-seed	随机数种子，保证模拟实验的可复现	实验中默认取值为 1000
spot-price	现货价格。每一期的期货交易模拟结束之后都生成新一期的现货价格，作为下一期的套利者决策过程所需信息	具体数值由多主体模型模拟生成
futures-price	期货价格。每一期的期货交易模拟结束之后都生成新一期的期货价格，作为下一期的投资者决策过程所需信息	具体数值由多主体模型模拟生成
total-trade-volume	每一期模拟交易中多空双方总的交易量	具体数值由多主体模型模拟生成
net-trade-volume	每一期模拟交易中多空双方的净交易量	具体数值由多主体模型模拟生成

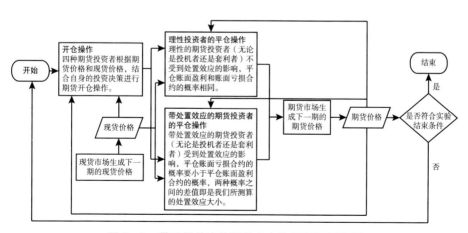

图6-1 带处置效应的期货多主体模型运行流程

6.2.3　模拟实验和分析

处置效应虽然是投资者在投资过程中存在的一种行为偏差，但是这种偏差是否会影响市场整体的有效运行，是否会造成投资者福利的损失仍有待研究。就期货市场而言，期货市场的价格波动以及对大宗商品的价格发现功能是否会受到投资者处置效应的影响，仍然是值得深入研究的问题。在期货投资者福利方面，如果投资者基于理性分析认为当前期货合约的价格存在不合理的过高或者过低，虽然造成了一时的亏损，但是未来大概率能回到合理的价格区间从而盈利，则投资者就会出现过久持有亏损合约的行为。这种情况下，处置效应作为一种行为偏差可能反而是投资者的一种理性行为。反之，如果投资者的处置效应确实造成了自身投资收益的损失，那么此时可以认为处置效应是一种完全意义上的行为偏差。

已有的实证研究希望从投资者的实际投资数据中去寻找处置效应与市场运行以及投资收益的关系，但是一段时间内影响市场运行和投资者投资收益的因素太多，除了一些能够被度量的客观指标之外，更多的是无法被量化甚至被观察到的影响因素，如投资者个人在投资情绪、投资理念、投资风格等方面的差异。上述困难造成现有的使用市场数据分析处置效应与市场运行以及投资收益之间关系的研究说服力都相对较差。因而本书选用基于复杂适应系统的多主体模拟方法来探究上述问题。这种方法的优势在于能够像自然科学实验那样控制无关变量，从而使得实验过程更科学，结论更有说服力。

为了探究期货市场上投机者的处置效应程度 ρ 和套利者的处置效应程度 β 对期货市场价格波动性和价格发现功能以及投资者投资收益的影响，本书对 ρ 和 β 不同取值的组合进行了模拟实验。模拟实验的参数设置如表 6-3 所示。

表 6 – 3　　　　　　　　　　　　　　模拟实验的参数设置

实验参数	参数说明	参数设置
sr_population	理性投机者人数	sr_population = 1000
ar_population	理性套利者人数	ar_population = 1000
sa_population	处置效应投机者人数	sa_population = 1000
aa_population	处置效应套利者人数	aa_population = 1000
stages	对每一种 sp_DE_coefficient 和 ar_DE_coefficient 取值组合的实验模拟的期货交易的期数	stages = 100
PGR	投资者对盈利合约进行平仓的概率	$PGR \in (0, 1]$, $PGR \sim N(0.7, 0.04)$
ρ	处置效应投机者的处置效应水平，数值越大，处置效应偏差的水平越高	在 [0~0.3]，每隔 0.01 取一次值
β	处置效应套利者的处置效应水平，数值越大，处置效应偏差的水平越高	在 [0~0.3]，每隔 0.01 取一次值
risk_aversion	投资者的风险厌恶系数，系数越大，则投资者的风险厌恶程度越高	risk_aversion = 0.6

对每种 ρ 和 β 取值的组合进行一次模拟，本实验共模拟 961 次，每次模拟 100 期的期货交易。然后通过模拟所得的投资者数据和市场数据，对处置效应如何影响期货市场运行以及投资者收益的问题进行量化研究。

（1）处置效应对期货市场有效性的影响

为了度量期货市场的价格波动性，本书取每次模拟实验 100 期的期货价格标准差（用 VF 表示）作为期货价格波动性的代理变量，VF 越小则期货市场的价格波动性越低。期货价格的有效性指的是期货价格对现货价格的价格发现功能，所以本书对每一次模拟实验，取每一期的现货价格减去上一期的期货价格的差的绝对值再除以当期的现货价格，得到这一期的误差比率，再对每次实验 100 期的误差比率求平均值，作为该次模拟实验的期货市场价格发现功能的指标（用 DF 表示），DF 越小则期货市场的价格发现能力越强。

对 441 次的模拟实验数据计算 VF 和 DF 两个指标，每次模拟实验都对应着处置效应投机者的处置效应程度 ρ 和处置效应套利者的处置效应程度 β 的不同数值组合。为衡量处置效应水平对期货价格波动性的影响，本书采用如下回归模型：

$$VF = \alpha_0 + \alpha_1 \cdot VS + \alpha_2 \cdot Vol_{mean} + \alpha_3 \cdot \rho + \alpha_4 \cdot \beta + \varepsilon \qquad (6-6)$$

其中，VS 表示现货的价格波动性指标，计算方法与期货价格波动性 VF 相同。Vol_{mean} 为每次模拟实验中 100 期的总交易量的均值，表示的是每次模拟实验的交易活跃程度。

为衡量处置效应水平对期货市场的价格发现功能的影响，本书采用如下回归模型：

$$DF = \lambda_0 + \lambda_1 \cdot VF + \lambda_2 \cdot VS + \lambda_3 \cdot Vol_{mean} + \lambda_4 \cdot \rho + \lambda_5 \cdot \beta + \varepsilon \qquad (6-7)$$

具体的回归结果如表 6 - 4 所示，列（1）参数展示的是模型（6 - 8）的回归结果，列（2）参数展示的是模型（6 - 7）的回归结果。

表 6 - 4   处置效应对期货市场价格波动性和价格发现功能的影响

系数/变量	（1）期货价格波动性 VF	（2）期货价格发现功能 DF
投机者的处置效应系数	343.2 *** （10.84）	0.040 *** （0.00512）
套利者的处置效应系数	332.4 *** （11.18）	0.042 *** （0.00515）
期货价格的波动性	—	4.40e - 05 *** （1.09e - 05）
现货价格的波动性	0.887 *** （0.0140）	- 2.99e - 05 *** （1.09e - 05）

续表

系数/变量	（1）期货价格波动性 VF	（2）期货价格发现功能 DF
总交易量的均值	0.344 ** （0.145）	0.000114 ** （4.91e − 05）
常数项	− 2213 ** （919.8）	− 0.651 ** （0.312）
观测值	961	961
R − squared	0.880	0.414

注：括号内为对应的稳健标准误。 ** 、 *** 分别表示在 5% 和 1% 的水平下统计显著。

根据表 6 − 4 列（1）展示的期货价格波动性的回归结果，期货市场上投机者和套利者的处置效应都显著增加了期货市场价格的波动性。列（2）中期货市场价格发现功能的回归结果则说明投机者和套利者的处置效应都显著减弱了期货市场对现货市场的价格发现功能。总的来说，期货投资者的处置效应对期货市场的有效运行产生了负面影响。

（2）处置效应对期货投资者收益的影响

部分研究认为，投资者的处置效应会损害其投资收益。理由是投资者过久地持有亏损的资产而过早卖掉盈利资产，但是收益好的资产往往会在后期有更好的表现。根据多主体模拟得到的数据，我们对期货投机者和套利者的处置效应与投资收益之间的关系进行了研究。对每次模拟实验中的处置效应和对应的投机者与套利者的人均收益分别进行了统计，处置效应大小与投资收益间的关系见图 6 − 2 和图 6 − 3。

如图 6 − 2 和图 6 − 3 所示，从整体趋势来看，无论是投机者还是套利者，表现出的处置效应越大，则投资收益越差。

为了更好地分析处置效应与投资收益间的关系，本书采用如下的回归模型分别对投机者和套利者进行研究。

$$Profit = \beta_0 + \beta_1 \cdot DE + \beta_2 \cdot Hands + \beta_3 \cdot VF + \beta_4 \cdot VS + \varepsilon \quad (6-8)$$

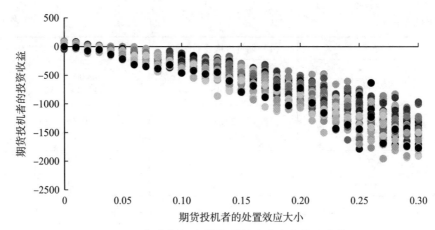

图 6 - 2　期货投机者的处置效应大小和投资收益

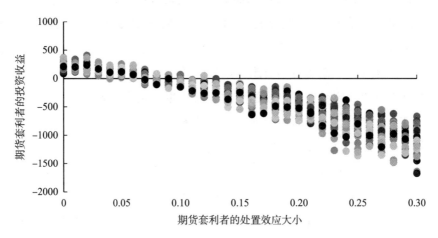

图 6 - 3　期货套利者的处置效应大小和投资收益

其中，*DE* 为投机者的处置效应程度或者套利者的处置效应程度，*Hands* 为对应的投机者或套利者的平均交易手数，*Profit* 为对应的投机者或套利者的投资收益，*VF* 为期货的价格波动性，*VS* 为现货价格的波动性。在对投机者和套利者分别进行上述模型的回归分析之后，具体结果如表 6 - 5 所示，其中列（1）展示的是处置效应对期货投机者投资收益影响的回归结果，列（2）展示的是处置效应对期货套利者投资收益影响的回归结果。

表 6 - 5 处置效应对期货市场投资者投资收益的影响

变量	（1）投机者的投资收益	（2）套利者的投资收益
交易量	- 4.979 *** （1.060）	7.152 *** （1.235）
期货价格的波动性	- 2.824 *** （0.111）	- 1.608 *** （0.110）
现货价格的波动性	1.888 *** （0.117）	1.228 *** （0.111）
处置效应的大小	- 4161 *** （54.75）	- 3906 *** （53.05）
常数项	8316 *** （1685）	- 10978 *** （1968）
观测值	961	961
R - squared	0.939	0.918

注：括号内为对应的稳健标准误。*** 表示在1%的水平下统计显著。

回归结果显示，无论是期货市场上的投机者还是套利者，处置效应都会影响其投资收益，具体表现为，处置效应越强则相应的投资收益越低。

6.2.4 结论分析

利用我国期货市场上的投资者账户交易数据，本章首先实证检验出我国期货市场上的投资者存在显著的处置效应。通过构建多主体模型对期货市场上的处置效应进行模拟实验，发现处置效应对期货市场的有效运行产生了显著的影响。期货投资者的处置效应越强，则期货市场的价格波动越剧烈，这与处置效应能够降低股票市场价格波动性的研究结论有所不同，可能的原因是处置效应限制了期货市场上套利者的套利力量，期货价格一旦偏离基本面后难以很快恢复。处置效应同时弱化了期货市场对现货的价格发现功能。模拟实验的结果还显示出无论是期货投机者还是套利者，处置效应的存在都会损害投资者的投资收益，处置效应越强则投资收益越差。根据研究所得的结果，我国期货市场应该加大对投资者处置效应相关知识的普及力度，从而帮助投资者减少损失，同时也能促进期货市场更加健康地运行。

第**7**章
期货市场投资者的羊群效应研究

所谓"羊群效应"，指的是投资者在信息环境不确定的情况下，行为受到其他投资者的影响，模仿他人决策，或者过度依赖于舆论（即市场中压倒多数的观念），而不考虑自己信息的行为（宋军、吴冲锋，2001）。羊群效应不仅对市场的效率和稳定存在影响，同时也是金融危机的重要诱因，因此该问题得到了学术界和金融监管部门的高度重视。在此问题上，国外学者们通过多方面的角度对羊群效应的成因做出了探究：沙夫施泰因和斯坦（Scharfstein and Stein，1990）提出了声誉羊群效应模型，认为基金管理人在投资决策中由于担心决策失误而遭受谴责，影响其个人声誉，因此，基金管理人在交易中通常会模仿他人的行为。班纳吉（Banerjee，1992）提出了序列性羊群效应模型，认为投资者是在参照前人决策的基础上做出投资决策的，这对投资者来说是合理的，因为这些投资者认为前人的决策中包含了对自己有利的重要信息。比赫昌达尼等（Bikhchandani et al.，1992）提出了信息流模型，其主要观点是，决策者会忽视自己的私人信息而靠从先行者的决策中获取信息来决策，这样一来，他的决策对别人来说就没有额外的信息价值。因此，当后来的决策者跟从前人的信息来决策时，相同的信息被不断分配，从而造成其他决策者忽视个人信息而采取前人一样的决策行为，造成羊群效应。

基于对羊群效应的理论分析，学者们试图对羊群效应进行实证研究，以观察不同市场羊群效应的存在性及影响程度，不同的检验方法应用于不同的市场和交易主体，结论差异很大。金融市场上羊群效应的实证研究最早见之于克罗斯和斯托尔（Kraus and Stoll，1972）的文章，他们用229只共同基金和银行信托机构的月度数据来检验机构的群体行为。研究发现，共同基金采取他们称之为"跟从领导者"的策略，即仿效其他更加成功的对手的策略。克里斯蒂和黄（Christie and Huang，1995）采用横截面收益标准差（CSSD，又称CH法）这一指标来衡量羊群效应，这一指标量化了个人收益与市场平均收益的偏离水平，当个人收益越趋向于市场组合收益，羊群效应越明显。使用此方法，他们发现在市场压力期间，即价格剧烈波动时，并没有出现羊群效应。之后，常等（Chang et al.，2000）在参考并修正CSSD法的基础上，提出横截面绝对偏离度法（CS-AD，又称CCK法）来刻画羊群效应的程度。他们的实证结果显示，在市场波动剧烈时，美、日及中国香港等发达国家或地区股票收益率的离散程度会增加，此时并不存在羊群效应，这与克里斯蒂和黄（1995）的结论一致。但在韩国、中国台湾等新兴市场，市场波动剧烈时，股票收益率偏离度较小，表明存在羊群效应。拉克尼斯克等（Lakonishok et al.，1992）对于羊群效应提出一种新的测度方法（LSV法），他们选取769个免税基金（主要是养老基金）的数据作为样本，结果显示，样本中的基金经理的羊群效应并不显著，但相对而言，小盘股的羊群效应比大盘股要显著，而且机构投资者间的羊群效应不仅不会加剧市场的波动，反而因为互相模仿使价格趋于合理，减少波动。奇普里亚尼和瓜里诺（Cipriani and Guarino，2014）构建了一个跟上述文献不同的信息羊群效应模型（CG法），使之适合于金融市场交易数据的结构估计。他们使用1995年纽交所的数据对模型进行估计，结果表明市场中时常存在羊群效应，并且在某些交易日还特别普遍。同时，与拉克尼斯克等（1992）的结论不同，他们还认为羊群效应会破坏市场信息的有效性。相对于股票市场的研究，对期货市场羊群效应研究方面的文献较少，结论也有较大差异。格里森等（Gleason，2003）选取3个欧洲期货市场上交易的13个期货合约为样本进行了研究。结果表明，收益离散度是增加而不是减少，欧洲期货市场并不存在羊群效应。德米勒等（Demirer et al.，2015）沿用了收益率离散度的方法，收集整理能源、金属、谷物、牲畜在内的 4 个部门数据，来研究商品期货市场中的羊群效应，结果显示，谷物期货的收益离散度在价格波动期间显著降低，存在羊群效应，并且能源、金属期货的价格波动对谷物期货的羊群效应有显著的影响。班纳吉和帕丹（Banerjee and Padhan，2017）等运用 CSAD 法，研究了印度股指期货市场的羊群效应，其实证结果表明，无论在市场大幅波动期间、宏观经济新闻发布期间，还是当市场溢出效应存在时，印度股指期货市场都存在显著的羊群效应。

　　相对而言，国内对羊群效应的研究起步较晚但发展较快，研究多以检验羊群效应在金融市场中的存在性为主，研究的焦点也主要集中在股票市场，如宋军和吴冲锋（2001）在国内股票市场上利用 CSSD 法检测出了羊群效应，证实了我国证券市场羊群效应程度高于美国证券市场的结论。董志勇和韩旭（2007）根据 GCAPM 提出了一个新的测度羊群效应的模型，并利用国内深沪两市的板块数据，发现两大市场中有相当比例的资产组合存在显著的羊群效应。伍旭川和何鹏（2005）对中国开放式基金投资组合的数据进行分析，衡量基金在股票市场上的羊群效应程度。他们的研究结果显示，中国开放式基金在股票市场上存在较强的羊群效应。田存志和赵萌（2011）的实证分析结果也表明，我国开放式基金存在羊群效应，并且在牛市中羊群效应现象较之在熊市更为严重。与伍旭川和何鹏（2005）与田存志和赵萌（2011）的研究对象不同，刘成彦等（2007）研究的是合格境外投资者（QFII）的羊群效应，文章通过对 QFII 在我国 A股市场的交易行为的实证研究发现 QFII 之间具有较明显的羊群效应，特别是股权分置改革之后羊群效应更加显著。程天笑等（2014）则是把QFII 与境内机构投资者结合在一起。研究这些主体间羊群效应强度的差异和联系，研究结果表明，在群体内羊群效应方面，QFII 的羊群效应强度明显低于境内机构投资者。而在群体间羊群效应方面，境内机构投资者是市场的"领头羊"，QFII 仅处于"从羊"地位。与上述研究认为中国股票市场交易者存在羊群效应结论不完全一样，马丽（2016）对中国股票市场整体羊群效应进行了实证检验，并检验股灾对羊群效应的影响，其实证结果表明中国股票市场总体上不存在显著的羊群效应，但同时也认为在股票市场下跌时期会出现羊群效应。除了对股票市场羊群效应存在性的实证研究，部分学者也把研究视角放在了国内期货市场，如高军玲（2009）对我国期货市场上的羊群效应进行了实证检验，其研究结果表明，我国期货市场不存在羊群效应。与高军玲（2009）的结论不完全一致，王郧等（2011）采用中国期货市场的高频数据进行的实证检验发现，中国期货市场上存在着一定程度的羊群效应，并且在期货价格下跌时表现得尤为明显，但并没有证据显示有大规模羊群效应存在。田利辉等（2015）对我国 27 种已上市的大宗商品期货合约的日度数据对羊群效应的实证分析发现，我国大宗商品期货市场在一般波动状态中存在羊群效应。在低波动率区间内，我国商品期货市场存在显著的羊群效应，在市场下跌时，交易者更容易跟风抛售，然而羊群效应在市场波动剧烈时并不显著。

除了实证研究羊群效应的存在性，也有国内学者实证研究了羊群效应对金融市场的影响。蔡庆丰等（2011）的实证研究发现证券分析师的羊群效应会加剧机构投资者的羊群效应，并认为这种羊群效应的叠加会加剧市场波动性，可能导致流动性枯竭，容易引发市场信息阻塞、定价效率低下甚至引发资产泡沫。许年行等（2013）从机构投资者羊群效应视角考察其对公司层面股价崩盘风险的影响，研究发现，机构投资者的羊群效应提高了公司股价未来崩盘的风险，在"卖方"羊群效应样本中尤为明显，即使 QFII 的存在也不能减弱这种影响。羊群效应的存在，使得在中国的机构投资者更多的是扮演"崩盘加速器"而不是"市场稳定器"的作用。同样使用实证研究的方法，顾荣宝等（2015）动态研究了深圳股票市场的羊群效应与市场波动的关联性，但结论有所差异，顾荣宝等（2015）的研究结果显示，深圳股票市场羊群效应与市场波动之间的关联性并不表现为简单的线性关系，市场羊群效应并不像传统研究所宣称的总是产生"正反馈效应"，有时也表现出"负反馈效应"。

尽管实证分析方法能够在一定程度上给出羊群效应在金融市场上存在

和影响的一些证据，但从数据上无法区分真伪羊群效应，羊群效应涉及多
主体间的复杂作用也难以单纯用数理模型清晰的描述，因此理论模型和实
证分析方法难以完全揭示羊群效应形成的内在机理、演化路径及其对金融
市场影响的作用机制，为此近年来涌现出一些使用多主体复杂自适应系统
计算实验方法，研究羊群效应成因、演化和影响的研究成果。这种研究范
式在国内的研究也有不少，陈莹等（2010）在计算实验平台上，在模仿
行为中引入了"情绪"作为信息源，通过协同模拟主体间的模仿和市场
情绪信号，在实验中观察到明显的协同羊群效应所引发的股票价格泡沫或
崩溃。实验结果显示，伴随着羊群效应的发生，资产的价格和回报率表现
出了较明显的波动。当买入羊群显著时，股票价格出现泡沫，当卖出羊群
显著时，股票价格出现暴跌。刘海飞等（2011）通过建立人工股票市场
（ASM）来研究交易者互相模仿行为，从知情交易者、不知情交易者、交
易者是否重视对私人信息的发掘和分析的角度模拟分析了羊群效应的产生
机理，并探讨了短期内羊群效应与收益率的相互影响，长期内影响羊群效
应的市场因素以及羊群效应对市场收益和股价波动性的影响。模拟结果表
明，短期内羊群效应与收益率互相作用使市场变得不稳定。长期内知情交
易者的比例、不知情交易者对发掘私人信息的重视程度以及市场深度的变
化会影响交易者的羊群效应，羊群效应则会影响收益率和股价的波动性。
袁建辉等（2011）基于异质性假设，在计算实验平台上，将一种模仿策
略通过主体间的自我复制，研究在单一股票条件下的羊群效应和股价波动
的关系。实验模拟结果显示，在异质假设下，投资者的模仿可作为羊群效
应形成的一种机制，其对股票波动存在明显影响。卞曰瑭等（2013）以
复杂网络理论为基础，针对股市投资者行为的"模仿"性特征，从投资
者自我心理偏好和近邻行为效应两个维度，构建网络近邻择优策略下的股
市羊群效应演化模型，理论分析股市羊群效应的演化动力学特征，并进行
模拟仿真。研究结果表明，投资者投资行为均衡状态受网络拓扑结构和近
邻择优策略函数影响，尤其受网络异质性影响，模型在一定程度上解释了
股市羊群效应演变的内在性规律。郑丰等（2015）引入伊辛模型（Ising）

构建了异质主体模仿投资策略的股市模型，模拟分析股市中的羊群效应的产生机理及羊群效应对股市收益率和波动性的影响。结果表明，股市中主体间的相互模仿能够产生羊群效应。收益率波动与羊群效应存在较强的正相关性，买入羊群效应与收益率呈正相关，而卖出羊群效应与收益率呈负相关。王朝晖和李心丹（2015）在 SFI – ASM 模型的基础上，引入连续竞价机制，建立仿真股票市场。设定从众行为交易者以随机概率跟随市场指数操作，对比有从众与无从众行为的股市价格序列。结果表明，有从众行为的市场存在显著的过度波动现象，而无从众行为的市场的过度波动并不显著，交易者的从众行为是市场总体过度波动的原因。刘祥东等（2014）没有采用基于主体的模拟方法，而是通过构建一个描述市场平均态度和股票价格变化的非线性动态模型，并结合数值模拟，研究市场中不同程度的羊群效应对股票价格波动性以及市场效率的影响。研究认为，股票价格的波动幅度随羊群效应值的增加呈现出先减小后增大的趋势，而金融市场的效率随羊群效应值的增加呈现出先增大后减小的趋势。上述文献在使用计算实验方法研究羊群效应问题时，虽然在模型构建上存在差异，得出的结论也不尽相同，但在三个方面是相似的：①研究的市场都是针对股票市场；②认为羊群效应的形成是基于市场交易者的互相模仿行为；③认为羊群效应的存在增加了股票市场的波动性或不稳定性。

综上所述，国内外关于羊群效应的研究已经积累了一定的成果，研究以实证分析居多，但研究对象和所用数据的差异以及测度方法不同，结论还存在争议。近年来，有部分学者尝试利用计算实验的方法对羊群效应的生成机理和影响效应进行研究，但研究也主要集中在股票市场，对期货市场羊群效应的计算实验金融研究并未出现相关的成果。相比起股票市场，期货市场既要考虑市场自身的运行，又要考虑和现货市场和其他期货市场的关联性，市场的交易主体、交易动机和交易策略更为复杂。在复杂的投资环境下，期货市场的交易者是否也存在羊群效应，羊群效应的影响是否也像在股票市场一样会加大市场的波动性，从而造成我们所观察到的期货市场短期内的异常波动，这些作用又是否会削弱期货市场的价格发现功能？这些问题值得进一步深究。

7.1　期货投资者羊群效应的实证检验

7.1.1　研究设计

为了能够准确地检验出羊群效应，常等（Chang et al.，2000）提出了一种新的方法 CSAD，通过该方法，可以准确地衡量个体收益率与市场整体收益率的关系。例如，当期货市场存在着严重的羊群效应时，单个期货合约与期货市场整体收益率会趋于相同，也就是说投资者的行为存在着一致性。其表达式如下：

$$CSAD_t = \frac{1}{N} \sum_{i=1}^{N} |R_{i,t} - R_{m,t}| \qquad (7-1)$$

其中，$R_{i,t}$ 是单个期货合约 i 在 t 交易日的收益率，$R_{m,t}$ 是 t 交易日上海期货市场整体收益率，N 是期货市场上交易的品种数目。考虑到市场上涨时与市场下跌时结果可能会不相同，因此我们将上涨的市场和下跌的市场分开来研究，即对这两个市场分别建立模型：

$$CSAD_t^{up} = \alpha_1 + \beta_1^{up} |R_{m,t}^{up}| + \beta_2^{up} (R_{m,t}^{up})^2 + \mu_t \qquad (7-2)$$

$$CSAD_t^{down} = \alpha_2 + \beta_1^{down} |R_{m,t}^{down}| + \beta_2^{down} (R_{m,t}^{down})^2 + \mu_t \qquad (7-3)$$

其中，$CSAD_t^{up}$ 和 $|R_{m,t}^{up}|$ 分别是市场上涨时的横截面绝对离散度和市场收益率的绝对值，$CSAD_t^{down}$ 和 $|R_{m,t}^{down}|$ 分别是市场下跌时的横截面绝对离散度和市场收益率的绝对值。根据孙培源和施东晖（2002）基于 CAPM 对 CCK 模型的研究，当市场不存在羊群效应时，个股收益率的横截面绝对偏离度与市场投资组合的平均收益率应当是线性关系；当市场存在羊群效应时，收益率离散度将会随着市场收益率的增加而减少，或者是以递减的速度增加。因此，当实证结果 β_2^{up} 或 β_2^{down} 显著为负时，可以判断市场存在着重度羊

群效应。当 β_2^{up} 或 β_2^{down} 显著为正时，可以认为市场存在着中度羊群效应。

（1）数据来源

目前，我国上海期货交易所有 14 个交易品种，本书选取这 14 个品种的日收盘价与日成交量数据进行实证分析，样本期间为 2011 年 1 月 4 日至 2016 年 1 月 11 日，得到数据 976 个。数据来源于万得（Wind）数据库。

（2）数据处理

根据期货的交易特点可知，成交量和持仓量最能反映出投资者的投资行为，所以本书选取更具说服力的日成交量数据。以成交量作为权重，编制每个品种的日价格指数：

$$P_{i,t} = \sum_{t=1}^{n} \rho_{i,t} a_{i,t} \qquad (7-4)$$

其中，$P_{i,t}$ 为期货 i 在交易日 t 的价格指数，$a_{i,t}$ 为期货 i 在交易日 t 的收盘价，$\rho_{i,t}$ 为期货 i 在交易日 t 的成交量占当日总成交量的比重。i 的取值范围为（1~14）。根据每个品种的价格指数，得出市场价格指数：

$$P_{m,t} = \sum_{i=1}^{n} P_{i,t} \qquad (7-5)$$

根据每日市场价格指数和每个期货的价格指数，得出每日市场收益率 $R_{m,t}$ 和每种期货的日收益率 $R_{i,t}$：

$$R_{i,t} = \ln P_{i,t} - \ln P_{i,t-1} \qquad (7-6)$$

$$R_{m,t} = \ln P_{m,t} - \ln P_{m,t-1} \qquad (7-7)$$

根据市场收益率的正负，将样本分为上涨的市场样本和下跌的市场样本，并分别对式（7-2）、式（7-3）进行多元非线性回归。

本书将上述公式所计算出的每日 CSAD 值与市场收益率绘于图 7-1 中。从图中可以看出，无论市场上涨还是下跌，CSAD 与市场收益率之间并不存在明显的线性关系，初步判断我国上海期货市场整体上存在着羊群效应。下面进入更深层次的分析。

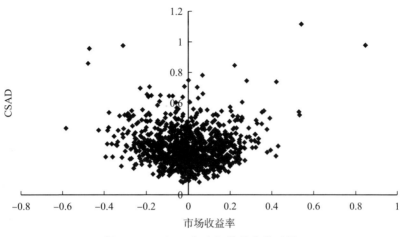

图 7 - 1　CSAD 与市场收益率关系图

（3）平稳性检验

在进行回归分析时，通常有一个数据平稳性的假定，如果数据不平稳，进行回归的话会产生伪回归，因此本书在对式（7 - 2）、式（7 - 3）进行回归前，要对各个变量的数据进行平稳性检验，本书运用 ADF 方法对序列进行平稳性检验，结果见表 7 - 1。

表 7 - 1　　　　式（7 - 2）、式（7 - 3）中各变量单位根检验结果

变量	ADF 值	1% 显著水平	5% 显著水平	10% 显著水平	P 值	结论
$CSAD^{up}$	- 16.93	- 3.44	- 2.87	- 2.57	0	平稳
$\mid R_m^{up} \mid$	- 13.23	- 3.44	- 2.87	- 2.57	0	平稳
$(R_m^{up})^2$	- 13.69	- 3.44	- 2.87	- 2.57	0	平稳
$CSAD^{down}$	- 19.92	- 3.44	- 2.87	- 2.57	0	平稳
$\mid R_m^{down} \mid$	- 6.83	- 3.44	- 2.87	- 2.57	0	平稳
$(R_m^{down})^2$	- 7.93	- 3.44	- 2.87	- 2.57	0	平稳

从表 7 - 1 可以看出，各个变量的 ADF 值均小于 1%、5% 和 10% 显著水平的临界值，所以拒绝原假设。即式（7 - 2）、式（7 - 3）的各个变量

都为平稳序列，可以进行下一步的检验。

（4）异方差检验

本书对式（7-2）、式（7-3）进行 ARCH LM 检验，结果如表 7-2 和表 7-3 所示。根据残差平方序列的偏相关函数图，式（7-2）的偏相关图在 8 期之后出现截尾现象，滞后期选择 8 期。

表 7-2　　　　　　　　　式（7-2）检验结果

异方差检验			
F 统计量	2.284	P 值	0.0044
卡方统计量	22.06	P 值	0.0048

表 7-3　　　　　　　　　式（7-3）检验结果

异方差检验			
F 统计量	0.906	P 值	0.342
卡方统计量	0.908	P 值	0.341

根据结果显示，式（7-2）的 F 统计量与卡方统计量的 P 值均小于 0.05，拒绝原假设，说明式（7-2）残差序列存在条件异方差。式（7-3）的 F 统计量与卡方统计量计算的 P 值均大于 0.05，不能拒绝原假设，式（7-3）不存在 ARCH 效应。

经过上述检验，发现式（7-2）残差具有 ARCH 效应，因此本书将建立残差具有 ARCH 效应的 CCK 模型来检验。

7.1.2　实证结果分析

为了检验横截面绝对偏离度和市场收益率之间是否存在非线性关系，我们分别对经过矫正的公式（7-2）和公式（7-3）进行回归分析，结果如表 7－4 所示。

表 7－4　　　　　　　　　　　　　回归结果

变量	回归系数	标准误	t 统计量	P 值
α_1	0.279	0.01	27.66	0
β_1^{up}	0.072	0.109	0.665	0.50
β_2^{up}	0.993	0.226	4.40	0
α_2	0.279	0.01	27.02	0
β_1^{down}	－0.163	0.144	－1.138	0.256
β_2^{down}	0.775	0.392	1.978	0.049

从表 7－4 中可以发现：β_1^{up} 为正但不显著，表明横截面绝对偏离度随市场涨幅的增加而增大。β_1^{down} 为负也不显著，表明横截面绝对偏离度随市场跌幅的增加而减少。

β_2^{up} 和 β_2^{down} 系数都显著为正，β_2^{up} 在 1% 水平上显著，β_2^{down} 在 5% 水平上显著，可见无论市场上涨还是下跌，CSAD 和 $R_{m,t}$ 都呈非线性关系。根据二次函数的特征，当市场上涨时，临界值为 $\dfrac{\beta_1^{up}}{2\beta_2^{up}} = 3.6\%$，当市场下跌时，临界值为 $\left| \dfrac{\beta_1^{down}}{2\beta_2^{down}} \right| = 10.5\%$。可见，当市场收益率小于临界值时横截面绝对偏离度 CSAD 才会下降。在我们的样本期间，市场涨幅度小于 3.6% 的样本占到了上涨样本的 30.84%，而市场跌幅小于 10.5% 的样本占到了下跌样本的 23.03%。

以上得出的数据均可以在实际中得到证实。2016 年，螺纹钢期货 1605 合约高开高走，仓量不断刷新纪录，仔细分析其原因便会发现，2015 年的股灾导致我国股票市场低迷，大量的存量资金无处投资，此时恰逢国家出台供给侧改革等相关政策，推高了商品期货市场。螺纹钢、热轧卷板等期货价格的走高，不乏需求回暖的可能，但也存在着投机分子追涨的可能性。2015 年 7 月 8 日，期货市场除黄金等少数几个品种外集体跌停，特别是铜、锌等有色金属暴跌，可能源于投资者对于经济层面上的担忧。但是如此一致的跌停是非常不理智的，投资者缺乏一个准确的判断，导致杀跌的现象发生。

7.1.3　结论分析

本小节的研究运用 CSAD 模型，以 2011 年 1 月 4 日至 2016 年 1 月 11 日共 976 个交易日为样本，对我国上海期货市场进行羊群效应实证检验，得出如下主要结论。

第一，从整体上看，我国上海期货市场存在着羊群效应。目前在我们国家的期货市场个人投资者、机构投资者与套期保值者比例非常不协调，造成非理性现象时常发生，羊群效应也不例外。

第二，将数据分为两阶段分别检验。根据实证结果，二次项系数 β_2^{up} 和 β_2^{down} 系数均显著为正。β_2^{up} 在 1% 水平上显著为正，β_2^{down} 在 5% 水平上显著为正。相对来说，市场上涨的结论要比下跌的结论更加显著一些。与此同时，市场上涨发生羊群效应的概率显著大于市场下跌发生的概率。

7.2　期货投资者羊群效应的模拟研究

7.2.1　期货市场交易者交易行为的理论分析

在构建多主体复杂自适应系统模型进行计算实验研究之前，需明确模型中存在哪些主体以及每类主体的行为方式。为此，本书首先区分期货市场的交易主体，并分析每类交易主体的行为。同样将期货市场交易主体分为投机者和套利者两大类（套期保值者本质上可以归入投机者或套利者类型中）。两大交易主体具有不同的交易策略：投机者只在期货市场进行单向交易，其进行期货买卖的目的在于利用期货价格的价差获利；套利者在期货市场和现货市场进行双向交易，其目的是在期货市场和现货市场之间套利。每类交易者可能都会存在羊群效应，依据陈莹等（2010）、刘海飞等（2011）、袁建辉等（2011）、卞曰瑭等（2013）以及郑丰等（2015）关于羊群效应形成动因的模拟分析，羊群效应源于交易者的模仿投资决策。因此，本书把每类交易主体（投机者和套利者）再细分为理性交易者和模仿交易者两种。其中，理性交易者类似于刘海飞等（2011）所说的知情交易者，主要根据自己所获信息和风险偏好作出理性的交易决策；模仿交易者类似于不知情交易者或获得信息存在较大误差的交易者，由于信息存在较大误差，他们会参考别人的信息做出决策。如果模仿交易者做出交易决策的方向和自己所获得的信息相反，就是定义上的羊群效应。

（1）理性交易投机者的交易行为

理性交易投机者会根据所获得的未来期货价格的信息进行期货价格的预估，如果根据信息判断未来期货价格上涨，则会在现期买入期货合约（建立多头头寸），如果判断未来期货价格下跌，则卖出期货合约（建立空头头寸）。设当期的期货价格为 F_t，未来到期的期货价格为 F_T。期货价格的变动和现货价格密切相关，根据期货价格理论，到期期货价格和到期的现货价格会收敛，所以投机者想获得的到期期货价格的信息也即到期现货价格的信息。设当期的现货价格为 S_t，到期的现货价格为 S_T。到期现货价格在当期是未知的，它是一个随机变量 $\tilde{S}_T$，设其服从均值为 $\bar{S}_T$，方差为 σ_s^2 的正态分布，即 $\tilde{S}_T \sim N(\bar{S}_T, \sigma_s^2)$。到期的现货价格 $\tilde{S}_T$ 是理性交易投机者 i 想获取的信息，但由于个人获取信息的能力和途径有限，获得的信息比起真实信息可能会存在误差，设理性投机者 i 获得的实际信息为 $\tilde{M}_{sri} = \tilde{S}_T + \tilde{\varepsilon}_{sri}$，其中 $\tilde{\varepsilon}_{sri}$ 为理性投机者 i 获得信息的误差，设其服从均值为 0，方差为 σ_{sri}^2 的正态分布，即 $\tilde{\varepsilon}_{sri} \sim N(0, \sigma_{sri}^2)$，并假设 $\tilde{\varepsilon}_{sri}$ 和 $\tilde{S}_T$ 相互独立。根据正态分布的性质，可得理性投机者 i 获得的信息的实际概率分布为

$\tilde{M}_{sri} \sim N(\bar{S}_T, \ \sigma_s^2 + \sigma_{sri}^2)$，理性投机者 i 获得的信息 $\tilde{M}_{sri}$ 的方差比起到期现货价格 $\tilde{S}_T$ 的真实信息的方差要大。由于理性投机者知道获得的信息会存在偏差，所以在获得实际信息后，理性投机者 i 会对信息进行调整，然后做出对未来到期现货价格的预期以及风险的判断。根据正态分布条件期望和方差的性质，可得理性投机者 i 在当期获得实际信息实现值为 $\tilde{M}_{sri} = m_{sri}$ 条件下，对到期现货价格的期望值和方差的判断为

$$E\langle \tilde{S}_T \mid \tilde{M}_{sri} = m_{sri} \rangle = \bar{S}_T + \frac{\sigma_s^2}{\sigma_s^2 + \sigma_{sri}^2}(m_{sri} - \bar{S}_T) \qquad (7-8)$$

$$Var\langle \tilde{S}_T \mid \tilde{M}_{sri} = m_{sri} \rangle = \frac{\sigma_s^2 \sigma_{sri}^2}{\sigma_s^2 + \sigma_{sri}^2} \qquad (7-9)$$

理性投机者 i 的交易决策 Q_{sri} 取决于其对到期现货价格的预期 $E\langle \tilde{S}_T \mid \tilde{M}_{sri} = m_{sri} \rangle$ 和当期期货价格 F_t 的大小关系，如果 $E\langle \tilde{S}_T \mid \tilde{M}_{sri} = m_{sri} \rangle > F_t$，则选择买入期货合约（$Q_{sri} > 0$），如果 $E\langle \tilde{S}_T \mid \tilde{M}_{sri} = m_{sri} \rangle < F_t$，则选择卖出期货合约（$Q_{sri} < 0$）。在做出期货合约交易决策 Q_{sri} 后，在期货到期时理性投机者 i 会获得一个到期收益，这个到期收益在当期也是不确定的随机变量，设为 $\tilde{W}_{sri}$。理性投机者 i 在获得信息 $\tilde{M}_{sri} = m_{sri}$ 条件下，通过判断未来到期期货价格的走势，做出交易决策 Q_{sri}，其对到期收益的期望为

$$E\langle \tilde{W}_{sri} \mid \tilde{M}_{sri} = m_{sri} \rangle = E\langle (\tilde{S}_T - F_t)Q_{sri} \mid \tilde{M}_{sri} = m_{sri} \rangle$$
$$= Q_{sri}[E\langle \tilde{S}_T \mid \tilde{M}_{sri} = m_{sri} \rangle - F_t] \qquad (7-10)$$

把式（7-8）代入式（7-10），可得

$$E\langle \tilde{W}_{sri} \mid \tilde{M}_{sri} = m_{sri} \rangle = Q_{sri}\left[\bar{S}_T - F_t + \frac{\sigma_s^2}{\sigma_s^2 + \sigma_{sri}^2}(m_{sri} - \bar{S}_T)\right] \qquad (7-11)$$

这个到期收益存在不确定性，理性投机者 i 对到期收益风险的判断为

$$Var\langle \tilde{W}_{sri} \mid \tilde{M}_{sri} = m_{sri} \rangle = Var\langle (\tilde{S}_T - F_t)Q_{sri} \mid \tilde{M}_{sri} = m_{sri} \rangle$$
$$= Q_{sri}^2 Var\langle \tilde{S}_T \mid \tilde{M}_{sri} = m_{sri} \rangle \qquad (7-12)$$

把式（7-9）代入式（7-12），可得

$$Var\langle \tilde{W}_{sri} \mid \tilde{M}_{sri} = m_{sri} \rangle = \frac{Q_{sri}^2 \sigma_s^2 \sigma_{sri}^2}{\sigma_s^2 + \sigma_{sri}^2} \qquad (7-13)$$

令理性投机者 i 的效用函数为一个负指数风险厌恶效用函数：

$$U_{sri}(\tilde{W}_{sri}) = -\exp\{-\lambda_{sri}\tilde{W}_{sri}\} \qquad (7-14)$$

其中，λ_{sri} 表示理性投机者 i 的风险厌恶系数，且有 $\lambda_{sri} > 0$。根据对数正态分布的性质，可得理性投机者 i 在获得信息 $\tilde{M}_{sri} = m_{sri}$ 条件下，进行期货交易的期望效用为

$$E\langle U_{sri}(\tilde{W}_{sri}) \mid \tilde{M}_{sri} = m_{sri}\rangle$$

$$= -\exp\left\{-\lambda_{sri}Q_{sri}\left[\bar{S}_T - F_t + \frac{\sigma_s^2(m_{sri} - \bar{S}_T)}{\sigma_s^2 + \sigma_{sri}^2}\right] + \frac{\lambda_{sri}^2 Q_{sri}^2 \sigma_s^2 \sigma_{sri}^2}{2(\sigma_s^2 + \sigma_{sri}^2)}\right\} \qquad (7-15)$$

理性投机者 i 的交易决策就是在获得信息 $\tilde{M}_{sri} = m_{sri}$ 条件下，根据期望效用的最大化，选择最优的交易量 Q_{sri}^*，即

$$\mathrm{Max}_{Q_{sri}}\langle U_{sri}(\tilde{W}_{sri}) \mid \tilde{M}_{sri} = m_{sri}\rangle \qquad (7-16)$$

由期望效用最大化的一阶必要条件，可得

$$Q_{sri}^* = \left(\frac{\lambda_{sri}\sigma_s^2\sigma_{sri}^2}{\sigma_s^2 + \sigma_{sri}^2}\right)^{-1}\left[\bar{S}_T - F_t + \frac{\sigma_s^2(m_{sri} - \bar{S}_T)}{\sigma_s^2 + \sigma_{sri}^2}\right] \qquad (7-17)$$

式（7-17）刻画的是理性投机者 i 的交易行为，其最终选择的最优合约交易量为 Q_{sri}^*。

（2）理性交易套利者的交易行为

理性交易套利者会根据现货市场和期货市场价格之间的关系，在现货市场和期货市场之间同时作相反方向的交易实现套利。如果当期购买现货并持有至到期的成本低于当期的期货价格，则套利者会在现货市场上买入，并在期货市场上卖出，反之，则会在现货市场上卖出，并在期货市场上买入，到期交割或平仓，从而实现套利。对于套利者来说，当期的现货价格 S_t 和期货价格 F_t 是已知的，不确定的信息是当期至到期这段时间持有成本的信息，设为 $\tilde{C}_{T-t}$，假设其服从均值为 $\bar{C}$，方差为 σ_c^2 的正态分布，即 $\tilde{S}_T \sim N(\bar{C}, \sigma_c^2)$。同样，理性套利者 i 由于获取信息的局限性，也会存在获得信息的误差。设套利者 i 获得的实际信息为 $\tilde{M}_{ari} = \tilde{C}_{T-t} + \tilde{\varepsilon}_{ari}$，其中 $\tilde{\varepsilon}_{ari}$ 为理性套利者 i 获得信息的误差，同样假设其概率分布为一个正态分布 $\tilde{\varepsilon}_{ari} \sim N(0, \sigma_{ari}^2)$，并且 $\tilde{\varepsilon}_{ari}$ 和 $\tilde{C}_{T-t}$ 相互独立。

与理性投机者的分析类似，理性套利者 i 在获得持有成本信息实现值为 $\tilde{M}_{ari} = m_{ari}$ 条件下，通过调整，对持有成本的期望值和方差的判断为

$$E\langle \tilde{C}_{T-t} \mid \tilde{M}_{ari} = m_{ari} \rangle = \overline{C} + \frac{\sigma_c^2}{\sigma_c^2 + \sigma_{ari}^2}(m_{ari} - \overline{C}) \qquad (7-18)$$

$$Var\langle \tilde{C}_{T-t} \mid \tilde{M}_{ari} = m_{ari} \rangle = \frac{\sigma_c^2 \sigma_{ari}^2}{\sigma_c^2 + \sigma_{ari}^2} \qquad (7-19)$$

设理性套利者 i 的到期收益为 $\tilde{W}_{ari}$，在获得信息 $\tilde{M}_{ari} = m_{ari}$ 条件下，做出期货交易决策 Q_{ari}，其对到期收益的预期以及对风险的判断为

$$E\langle \tilde{W}_{ari} \mid \tilde{M}_{ari} = m_{ari} \rangle = Q_{ari}\left[\overline{C} + S_t - F_t + \frac{\sigma_c^2}{\sigma_c^2 + \sigma_{ari}^2}(m_{ari} - \overline{C}) \right] \qquad (7-20)$$

$$Var\langle \tilde{W}_{ari} \mid \tilde{M}_{ari} = m_{ari} \rangle = \frac{Q_{ari}^2 \sigma_c^2 \sigma_{ari}^2}{\sigma_c^2 + \sigma_{ari}^2} \qquad (7-21)$$

同样，令理性套利者 i 的效用函数为负指数风险厌恶效用函数：

$$U_{ari}(\tilde{W}_{ari}) = -\exp\{-\lambda_{ari}\tilde{W}_{ari}\} \qquad (7-22)$$

其中，$\lambda_{ari} > 0$ 为理性套利者 i 的风险厌恶系数。可得理性套利者 i 的期望效用为

$$E\langle U_{ari}(\tilde{W}_{ari}) \mid \tilde{M}_{ari} = m_{ari} \rangle$$

$$= -\exp\left\{ -\lambda_{ari}Q_{ari}\left[\overline{C} + S_t - F_t + \frac{\sigma_c^2(m_{ari} - \overline{C})}{\sigma_c^2 + \sigma_{ari}^2} \right] + \frac{\lambda_{ari}^2 Q_{ari}^2 \sigma_c^2 \sigma_{ari}^2}{2(\sigma_c^2 + \sigma_{ari}^2)} \right\} \qquad (7-23)$$

理性套利者 i 在期货市场的交易行为就是，在获得信息为 $\tilde{M}_{ari} = m_{ari}$ 情况下，选择最优的交易量 Q_{ari}^* 达到期望效用的最大化，即

$$Max_{Q_{ari}}E\langle U_{ari}(\tilde{W}_{ari}) \mid \tilde{M}_{ari} = m_{ari} \rangle \qquad (7-24)$$

由式（7-24）期望效用最大化的一阶必要条件，可得理性套利者的交易行为

$$Q_{ari}^* = \left(\frac{\lambda_{ari}\sigma_c^2 \sigma_{ari}^2}{\sigma_c^2 + \sigma_{ari}^2} \right)^{-1} \left[\overline{C} + S_t - F_t + \frac{\sigma_c^2(m_{ari} - \overline{C})}{\sigma_c^2 + \sigma_{ari}^2} \right] \qquad (7-25)$$

（3）模仿交易投机者的交易行为

在期货市场上进行单向交易的投机者除了根据自己所获得信息理性分析进行交易的理性投机者，也有部分参照他人信息进行模仿交易的从众投

机者，这些投机者可能会产生羊群效应。一般情况下，模仿交易投机者自己也会收集信息，但其信息的质量可能较差，做出正确决策的准确度低，导致其不大相信自己的信息，所以才会有模仿他人交易的动机。设模仿交易投机者 j 自己收集的信息为 $\tilde{M}_{shj} = \tilde{S}_T + \tilde{\varepsilon}_{shj}$，其中 $\tilde{\varepsilon}_{shj}$ 为模仿交易投机者 j 获得信息的误差，同样假设 $\tilde{\varepsilon}_{shj} \sim N(0, \sigma_{shj}^2)$，$\tilde{\varepsilon}_{shj}$ 和 $\tilde{S}_T$ 相互独立。模仿交易投机者获得的信息质量差，所以其获得的信息误差比起理性投机者要大得多，也即 $\sigma_{shj}^2 > \sigma_{sri}^2$。这种情况下，投机者 j 不会只根据自己获得的信息做交易，而是会充分参考周围的投机者的信息，综合考虑收益和风险做出决策，进行从众模仿交易。假设模仿交易投机者 j 获得的到期现货价格的实际信息实现值为 $\tilde{M}_{shj} = m_{shj}$。模仿交易投机者 j 观察到周围有 N_j 个投机者（包括理性投机者和模仿交易投机者），他们获得的信息分别为 $\tilde{M}_{sn} = m_{sn}$，$(n = 1, 2, \cdots, N_j)$。模仿交易投机者会对自己和周围人的信息进行综合，假定其对每个人信息处理的权重相等，则可得模仿交易投机者对未来到期现货价格的预期为所有信息的算术平均值，即

$$\overline{m}_{shj}^e \equiv E\langle \tilde{S}_T \mid \tilde{M}_{shj} = m_{shj}, \tilde{M}_{sn} = m_{sn}, n = 1, 2, \cdots, N_j\rangle$$

$$= \frac{1}{N_j + 1}\left(m_{shj} + \sum_{n=1}^{N_j} m_{sn} \right) \tag{7-26}$$

其中，$\overline{m}_{shj}^e$ 表示模仿交易投机者 j 参考他人信息后做出的对到期现货价格的预期。一般而言，模仿交易者也会存在风险意识，如果其观察到的他人和自己的信息都比较一致，则会认为信息较可靠，交易风险较小，如果观察到的每个人的信息差异很大，则会认为交易存在较大的风险。基于这个逻辑，可以用所有参考信息的样本方差衡量风险，从而可得模仿交易投机者 j 对交易风险的判断为

$$\sigma_{shj}^{2e} \equiv Var\langle \tilde{S}_T \mid \tilde{M}_{shj} = m_{shj}, \tilde{M}_{sn} = m_{sn}, n = 1, 2, \cdots, N_j\rangle$$

$$= \frac{1}{N_j}\left[(m_{shj} - \overline{m}_{shj}^e)^2 + \sum_{n=1}^{N_j} (m_{sn} - \overline{m}_{shj}^e)^2 \right] \tag{7-27}$$

其中，σ_{shj}^{2e} 表示模仿交易投机者认为的交易风险。同样，设模仿交易投机者 j 的到期收益为 $\tilde{W}_{shj}$，在获得信息 $\tilde{M}_{shj} = m_{shj}$ 和观测到他人信息为 $\tilde{M}_{sn} =$

m_{sn}，$n=1$，2，$\cdots$，N_j 条件下，做出期货交易决策 Q_{shj}，其对到期收益的预期以及对风险的判断为

$$E\langle \tilde{W}_{shj} \mid \tilde{M}_{shj}=m_{shj}，\tilde{M}_{sn}=m_{sn}，n=1，2，\cdots，N_j\rangle = Q_{shj}(\overline{m}^e_{shj}-F_t)$$

$$(7-28)$$

$$Var\langle \tilde{W}_{shj} \mid \tilde{M}_{shj}=m_{shj}，\tilde{M}_{sn}=m_{sn}，n=1，2，\cdots，N_j\rangle = Q^2_{shj}\sigma^{2e}_{shj} \quad (7-29)$$

模仿交易投机者 j 的效用函数同样设为负指数风险厌恶效用函数：

$$U_{shj}(\tilde{W}_{shj}) = -\exp\{-\lambda_{shj}\tilde{W}_{shj}\} \quad (7-30)$$

其中，$\lambda_{shj}>0$ 为模仿交易投机者 j 的风险厌恶系数。模仿交易投机者 j 进行模仿交易的期望效用为

$$E\langle U_{shj}(\tilde{W}_{shj}) \mid \tilde{M}_{shj}=m_{shj}，\tilde{M}_{sn}=m_{sn}，n=1，2，\cdots，N_j\rangle$$

$$= -\exp\left\{-\lambda_{shj}Q_{shj}(\overline{m}^e_{shj}-F_t)+\frac{\lambda^2_{shj}Q^2_{shj}\sigma^{2e}_{shj}}{2}\right\} \quad (7-31)$$

由期望效用最大化的一阶必要条件，可得模仿交易投机者 j 的交易行为：

$$Q^*_{shj} = \frac{(\overline{m}^e_{shj}-F_t)}{\lambda_{shj}\sigma^{2e}_{shj}} \quad (7-32)$$

（4）模仿交易套利者的交易行为

套利者除了存在理性交易套利者外，也会存在模仿交易套利者。跟模仿交易投机者交易行为的分析类似，设模仿交易套利者 j 自己收集的持有成本信息为 $\tilde{M}_{ahj}=\tilde{C}_{T-t}+\tilde{\varepsilon}_{ahj}$，其中 $\tilde{\varepsilon}_{ahj}$ 为模仿交易套利者 j 获取信息的误差项，$\tilde{\varepsilon}_{ahj}\sim N(0，\sigma^2_{ahj})$，且 $\tilde{\varepsilon}_{ahj}$ 和 $\tilde{C}_{T-t}$ 相互独立。同样，模仿交易套利者 j 的信息误差比起理性交易套利者 i 的信息误差要大得多，才会有模仿交易的动机，所以有 $\sigma^2_{ahj}>\sigma^2_{ari}$。假设模仿交易套利者 j 自己获得持有成本信息的实现值为 $\tilde{M}_{ahj}=m_{ahj}$，其观察到周围有 K_j 个套利者，K_j 个套利者获取的信息为：$\tilde{M}_{ak}=m_{ak}$，$(k=1，2，\cdots，K_j)$。在经过参考他人的信息后，模仿交易套利者 j 对持有成本的预期 $\overline{m}^e_{ahj}$ 和对风险 σ^{2e}_{ahj} 的判断为

$$\overline{m}^e_{ahj}\equiv E\langle \tilde{C}_{T-t} \mid \tilde{M}_{ahj}=m_{ahj}，\tilde{M}_{ak}=m_{ak}，k=1，2，\cdots，K_j\rangle$$

$$= \frac{1}{K_j+1}\left(m_{ahj}+\sum_{k=1}^{K_j}m_{ak}\right) \quad (7-33)$$

$$\sigma_{ahj}^{2e} \equiv Var\langle \tilde{C}_{T-t} \mid \tilde{M}_{ahj} = m_{ahj}, \tilde{M}_{ak} = m_{ak}, k = 1, 2, \cdots, K_j \rangle$$

$$= \frac{1}{K_j} \big[(m_{ahj} - \overline{m}_{ahj}^e)^2 + \sum_{k=1}^{K_j} (m_{ak} - \overline{m}_{ahj}^e)^2 \big] \qquad (7-34)$$

设模拟交易套利者 j 参考周围套利者的信息后，当期的期货合约交易量为 Q_{ahj}，到期收益为 $\tilde{W}_{ahj}$，效用函数为 $U_{ahj}(\tilde{W}_{ahj}) = -\exp\{-\lambda_{ahj}\tilde{W}_{ahj}\}$，其中 $\lambda_{ahj} > 0$ 为模仿交易套利者 j 的风险厌恶系数。同理可得期望到期收益及风险，以及期望效用为

$$E\langle \tilde{W}_{ahj} \mid \tilde{M}_{ahj} = m_{ahj}, \tilde{M}_{ak} = m_{ak}, k = 1, 2, \cdots, K_j \rangle = Q_{ahj}(\overline{m}_{ahj}^e + S_t - F_t)$$

$$(7-35)$$

$$Var\langle \tilde{W}_{ahj} \mid \tilde{M}_{ahj} = m_{ahj}, \tilde{M}_{ak} = m_{ak}, k = 1, 2, \cdots, K_j \rangle = Q_{ahj}^2 \sigma_{ahj}^{2e}$$

$$(7-36)$$

$$E\langle U_{ahj}(\tilde{W}_{ahj}) \mid \tilde{M}_{ahj} = m_{ahj}, \tilde{M}_{ak} = m_{ak}, k = 1, 2, \cdots, K_j \rangle$$

$$= -\exp\Big\{ -\lambda_{ahj}Q_{ahj}(\overline{m}_{ahj}^e + S_t - F_t) + \frac{\lambda_{ahj}^2 Q_{ahj}^2 \sigma_{ahj}^{2e}}{2} \Big\} \qquad (7-37)$$

由期望效用最大化的一阶必要条件，可得模仿交易套利者 j 的交易行为：

$$Q_{ahj}^* = \frac{(\overline{m}_{ahj}^e + S_t - F_t)}{\lambda_{ahj}\sigma_{ahj}^{2e}} \qquad (7-38)$$

7.2.2 模拟仿真模型设计与校准

（1）模拟仿真模型设计

①初始设定。本书采用复杂自适应系统模拟软件 Netlogo 构建期货市场交易的模拟仿真模型。在模型中把主体设置为 4 个种群：理性投机者、理性套利者、模仿交易投机者、模仿交易套利者。每个种群都设置了获得的信息及误差、风险厌恶偏好、交易量等属性。种群个体的数量可以根据研究目的人为控制，数量确定后，在"世界"（视图界面）里生成每个种群确定数量的个体，每个个体生成的位置（坐标）是随机的，把每个种

群各主体的颜色先设为和视图背景色一样的黑色。

②主体交易行为。各主体在模拟世界中的行为依据理论模型的行为方程进行仿真。理性投机者种群的每位个体会依据式（7–17）的行为规则确定他们在期货市场中的合约交易量。在做出交易决策前，他们需要获得到期现货价格 S_T 的信息，S_T 具有不确定性，方差是 σ_s^2。每一个主体获得的信息都具有误差 $\tilde{\varepsilon}_{sri}$，仿真模型设定每个投机者获得信息的误差是异质的，每个理性投机者获得信息误差项的方差 σ_{sri}^2 为真实信息方差 σ_s^2 的一个倍数（即 $\sigma_{sri}^2 = \theta\sigma_s^2$），倍数 θ 由均匀分布随机数生成器产生，为 ［0，1］ 区间的一个随机数，每个理性投机者取值都不一样。在确定每位理性投机者获取信息误差项的方差后，再由正态分布随机数生成器，产生概率分布为 $N(\bar{S}_T, \sigma_s^2 + \sigma_{sri}^2)$ 的一个随机数，作为理性投机者获得的实际信息 m_{sri}。理性投机者获得信息 m_{sri} 后，即可依据式（7–17）的交易法则做出交易决策。

理性套利者在交易决策前需获得的信息是持有成本 C 的信息，信息的方差是 σ_c^2。与理性投机者的设定类似，模型也设定每个理性套利者获取信息的误差项 σ_{ari}^2 是异质的，为真实持有成本信息方差 σ_c^2 的一个在 ［0，1］ 区间随机取值的倍数。同样，根据正态分布随机数生成器，产生概率分布为 $N(\bar{C}, \sigma_c^2 + \sigma_{ari}^2)$ 的一个随机数，作为理性套利者获得的实际信息 m_{ari}。获得持有成本信息后，理性套利者依据式（7–25）的交易规则做出交易决策。

模仿交易投机者也要收集到期现货价格 S_T 的信息，但其通过个人渠道获得的信息误差 $\tilde{\varepsilon}_{shj}$ 比起理性投机者要大得多。为此，同样设定模仿交易投机者获取信息误差项的方差 σ_{shj}^2 为真实到期现货价格信息方差 σ_s^2 的一个倍数，但这个倍数比起理性投机者要大，为 ［9，11］ 区间的一个随机数，而且每个模仿交易投机者的取值也不一样。同样由正态分布随机数生成器，产生概率分布为 $N(\bar{S}_T, \sigma_s^2 + \sigma_{shj}^2)$ 的一个随机数，作为每位模仿交易投机者获得的实际信息 m_{shj}。由于自己获取信息的误差大，模仿交易投机者会参考周围投机者的信息。与其他文献关于模仿交易的程序设计不同，本书仿真模型给每位模仿交易投机者设定一个"视野"，这个视野就是模仿交易投机者能观察到的周围投机者的范围，通过视野的改变，能够控制羊群效应的程度。视野变量的取值由界面页的滑动条控制，取值为 $[0, 2]$ 区间的瓦片数量，步长变化为 0.05。在视野确定后，每个模仿交易投机者会在视野范围内观察到同样采用投机策略的 N_j 个投机者（包括理性投机者和模仿交易投机者），并综合他人和自己的信息，依据式（7-32）的交易规则做出交易决策。如果模仿交易投机者观察不到任何的投机者，则设其保持观望状态，交易为 0。

　　模仿交易套利者的行为设定跟模仿交易投机者的设定类似，也是假设其获取持有成本信息误差项的方差 σ^2_{ahj} 要远大于理性套利者，倍数为 $[9, 11]$ 区间的一个随机数。然后由正态分布随机生成器，生成概率分布为 $N(\overline{C}, \sigma^2_c + \sigma^2_{ahj})$ 的一个随机数，作为模仿交易套利者获得的实际信息 m_{ahj}。也是设定每位模仿交易套利者存在一个视野，由界面页的滑动块控制。如果模仿交易套利者根据视野观察到周围 K_j 个套利者，则综合他人和自己的信息，根据式（7-38）的交易规则进行交易。如果观察不到任何套利者，则交易为 0。具体的多主体模拟的运行流程如图 7-2 所示（模拟模型的具体设计详见附录 C 羊群效应的多主体模型 Netlogo 代码）。

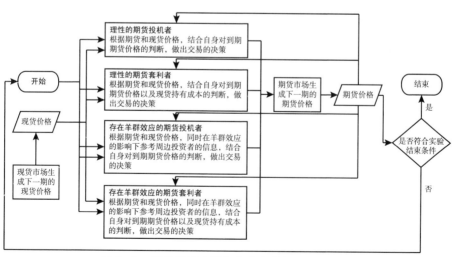

图 7-2　带羊群效应的期货多主体模型运行流程

③期货价格形成机制

每个交易主体做出期货合约交易量的决策后，期货价格将根据市场的供求关系形成。陈莹等（2010）、刘海飞等（2011）、郑丰等（2015）在构建人工股票市场时，都通过供求关系的指数函数刻画股票价格的形成。本书也参照以上学者的研究，把期货价格的形成机制通过如下调整函数来刻画：

$$F_t = F_{t-1} \cdot \exp\left\{ l \cdot \frac{Q_t^{net}}{Q_t^{all}} \right\} \qquad (7-39)$$

其中，F_{t-1}表示上一期的期货价格；Q_t^{net}为各主体合约交易量的直接相加总和，表示期货市场当期供求关系的差值，代表市场上的多空力量对比；Q_t^{all}为各主体合约交易量的绝对值相加总和，表示当期买和卖期货合约的总数量，代表市场上的交易规模；l为市场流动性价格调整参数。

（2）模型校准

①参数校准和模拟变量生成。

为使模型更准确地分析问题，我们使用我国股指期货市场的相关数据对仿真模型的一些参数进行校准和变量进行拟合，以使模型更接近于现实情形。首先使用股票指数的数据模拟现货市场价格的生成，选用的数据为2010年6月至2016年12月沪深300指数收盘价的数据，全部数据都来源于万得（Wind）数据库。为保证模拟生成的现货价格不出现负数值，我们首先使用现货价格数据的对数模拟生成现货价格的对数值，然后再把对数值还原为现货价格。使用 Eviews 软件对沪深300指数价格的对数时间序列进行自回归分析发现，由于使用的是月度数据，对数沪深300指数价格并不存在条件异方差效应，可近似用 AR（1）过程来刻画。为此，模型使用对数沪深300指数价格的 AR（1）回归方程来模拟生成每一期对数现货价格的均值，公式为

$$E\{\ln(S_t)\} = 0.570814 + 0.928572 \cdot \ln(S_{t-1}) \qquad (7-40)$$

$\ln(S_t)$ 的初始值为2010年6月1日沪深300指数的收盘价的对数值7.91723。之后，使用对数沪深300指数价格数据的方差（0.1954812）

作为每一期对数现货价格随机干扰项的方差，使用正态分布随机数生成器
生成概率分布为 $N(0, 0.195481^2)$ 的一个随机数，作为对数现货价格每
一期的随机干扰项的取值，然后再加上对数现货价格的均值，即可得到下
一期的对数现货价格。然后，再通过对数正态分布的性质，把每一期的现
货价格以及现货价格的均值和方差还原回来。

　　除了现货价格，持有成本也是影响期货价格的重要因素。金融期货的
持有成本主要是利息成本，为此选用 2010 年 6 月至 2016 年 12 月上海同
业拆借利率月初的年利率数据，把年利率转化为月利率，再把同业拆借月
利率乘沪深 300 指数乘每点现金 300 元乘保证金比例 12%，得到代表持有
成本的数据。同样，为保证模拟生成的持有成本不出现负值，使用持有成
本数据的对数进行分析。用 Eviews 对持有成本的对数时间序列进行自回
归分析发现，对数持有成本也不存在条件异方差效应，可近似用 AR（1）
过程来刻画。使用对数持有成本的 AR（1）回归方程模拟生成每一期对
数持有成本的均值，公式如下：

$$E\{\ln(C_{(t+1)-t})\} = 3.119269 + 0.418432 \cdot \ln(C_{t-(t-1)}) \qquad (7-41)$$

$\ln(C_{(t+1)-t})$ 的初始值为以 2010 年 6 月的上海同业拆借利率和沪深
300 指数数据计算出来的持有成本的对数值 5.405129。使用对数持有成本
数据的方差（0.2592062）作为对数持有成本随机干扰项的方差，再用正
态分布随机数生成器生成概率分布为 $N(0, 0.259206^2)$ 的一个随机数，
把随机数加上对数持有成本的均值，得到下一期对数持有成本。最后通过
对数正态分布的性质，把持有成本及其均值和方差还原回来。

　　有了现货价格和持有成本的数据，即可得到每个交易主体获取信息的
均值和方差，设定每个主体的风险厌恶系数 $\lambda = 1$，每个交易主体可根据
自己的交易法则做出期货合约买卖的决策，最后依据价格形成机制生成期
货价格，在价格形成过程中，发现市场流动性调整参数 l 为 0.03 时期货
价格的特征最接近现实市场，为此设定 $l = 0.03$。

　　②模型校准结果。

　　根据校准的模型进行，模拟 2000 次期货市场的交易，每一次交易都

生成一期的期货价格。模拟发现，生成的现货价格和期货价格的时间序列的波动都具有高度的同步性（如图 7 - 3 所示），且现货价格和期货价格存在协整关系（如表 7 - 5 所示），这与现实中观察到的现货价格和期货价格的关系是相符的。

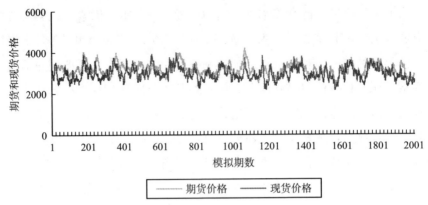

图 7 - 3　种群人数 = 1000，视野 = 1.0 条件下模拟的现货价格和期货价格

表 7 - 5　　　　　　　　现货价格和期货价格的 Johansen 协整检验

H0	特征值	λ_{trace}	λ_{max}
$r = 0$	0.0540	149.018 *** (0.0001)	110.792 *** (0.0001)
$r = 1$	0.0190	38.226 *** (0.0000)	38.226 *** (0.0000)

注：*** 表示在 1% 显著性水平下显著，( ) 内的数值表示是 P 值。

经过多次模拟和检验发现，模拟的现货价格和期货价格呈现出的上述特征是稳健的，不会随着种群人数和模仿交易者视野的变化而改变。所以，本书的仿真模型符合现实市场的基本特征，可用于期货市场羊群效应相关问题的分析。

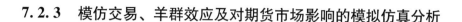

7.2.3   模仿交易、羊群效应及对期货市场影响的模拟仿真分析

（1）模仿交易者观察视野与羊群效应的关系

为进一步揭示羊群效应的产生机理，同时也为了在研究羊群效应对期货市场的影响能控制羊群效应变量的大小，我们首先考察模仿交易者的观察视野与羊群效应之间的关系。把理性投机者、理性套利者、模仿交易投机者、模仿交易套利者四个种群的人数设置为一样的，每个种群都包含1000个个体。通过在模拟程序界面页设置的"视野"滑动条控件，控制模仿交易投机者和模仿交易套利者的观察视野。把观察视野从0瓦片开始，每次增加0.05瓦片，直到1.95瓦片为止，每次视野的改变都初始化并模拟一次，总共模拟40次，每次模拟2000期的期货市场交易。

在每一期交易者做出交易决策后，参照刘海飞等（2011）、袁建辉等（2011）以及郑丰等（2015）关于羊群效应测度的办法，如果模仿交易者做出的决策与周围交易者的决策相同而与自己获取的私有信息相反，则定义其交易行为为羊群效应。根据此定义，模拟程序中设定关于投机者羊群效应的判断准则为 $Q_{shj}^{*} \cdot (m_{shj} - F_t) < 0$。如果此条件成立，说明该投机者实际做出的期货合约交易方向和依据自己所获得的信息理应进行的交易方向是相反的，这种不一致性的出现是由于该交易者模仿了周围投机者的交易信息而忽略了私有信息做出决策，从而该投机者存在羊群效应。同理可得套利者羊群效应的判断准则为 $Q_{ahj}^{*} \cdot (m_{ahj} + S_t - F_t) < 0$。依据准则识别出羊群效应的交易主体后，为便于直观观察羊群效应在交易者中的"人口密度"，如果是羊群效应的投机者，则把该交易主体的颜色由黑色改为黄色，如果是羊群效应的套利者，则把该交易主体的颜色由黑色改为红色。

把模仿交易者的观察视野从小到大依次进行模拟，模拟发现，模仿交易会产生羊群效应，这种羊群效应的产生机理在陈莹等（2010）、袁建辉等（2011）、刘海飞等（2011）、郑丰等（2015）的仿真模拟中均有揭示，本书的模型也呈现了这一产生机理。此外，与上述文献研究不同的地方在于，本书的模型还进一步揭示了羊群效应的产生和模仿交易者模仿观察视野之间的关系。把观察视野为 0.25 瓦片和观察视野为 1.5 瓦片最后一期模拟结果的"人口密度"视图呈现，如图 7 - 4 和图 7 - 5 所示。

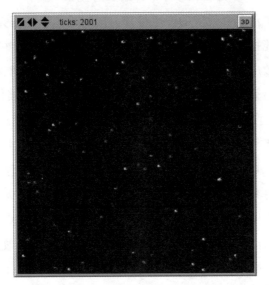

图 7 - 4　观察视野 = 0.25 时羊群效应交易者的"人口密度"

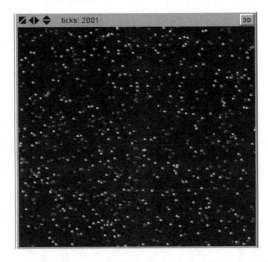

图 7 - 5　观察视野 = 1.5 时羊群效应交易者的"人口密度"

把不同视野下每一期模拟出现的羊群效应交易者人数（包括投机者和套利者）除以模仿交易者的人数，得到每一期羊群效应交易者占模仿交易者的比例。再把 2000 期模拟计算的羊群效应交易者所占的比例进行算术平均，得到该视野下模仿交易者中产生羊群效应比例的指标。用折线图把 40 次不同观察视角下模拟得到的比例指标呈现如图 7 - 6 所示。

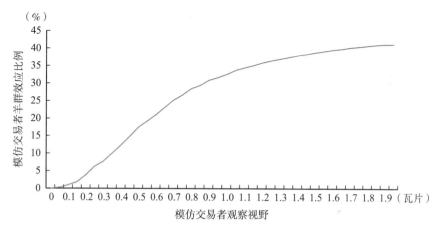

图 7 - 6　模仿交易者不同观察视野下期货市场的羊群效应水平

由图 7 - 4 和图 7 - 5 可看出，在模仿交易者观察视野为 1.5 的情形下，市场中羊群效应交易者的"人口密度"的稠密程度要大于观察视野为 0.25 的情形。同时由图 7 - 6 可看出，模型交易者中产生羊群效应的比例随着模仿交易者视野的扩大而呈现出递增的趋势。由此表明，模仿交易者的视野越广，观察到的周围交易者的人数越多，其出现羊群效应的可能性就越大，市场中出现羊群效应的人数就越多，羊群效应产生的比例和模仿交易者的观察视野存在正相关的关系。但这种正相关关系并非简单的线性关系，而是呈现出边际递减的特征，最终模仿交易者产生羊群效应的比例会收敛到一个稳定的水平，大致达到 40% 左右，这一比例就不会再随着观察视野的增加而有显著的增加了。通过数据的拟合，模仿交易者羊群效应的比例和观察视野之间的关系可用以下对数线函数来近似：

$$HbProp = 31.372 + 14.898 \cdot \ln(Scope) \qquad (7-42)$$
$$t = (55.717)\ (23.790)$$

其中，$HbProp$ 表示模仿交易者羊群效应的比例，$Scope$ 表示模仿交易者的观察视野。模型的可决系数 R^2 达到 0.939，具有较高的拟合度。

（2）羊群效应水平对期货价格的影响

通过控制观察视野，可得到不同羊群效应"人口密度"的期货市场，接下来我们考察羊群效应对于期货市场的影响，主要考察两个方面的问题：①羊群效应是否加剧了期货市场价格的波动；②羊群效应是否会减弱期货价格的有效性。

在分析之前，需要首先明确市场的羊群效应水平、期货市场的价格波动和期货价格发现功能的度量指标。对于市场羊群效应水平的度量，参照袁建辉等（2011）、郑丰等（2015）的测度方法，把每一期模拟出现的羊群效应交易者人数，除以总交易者的人数，以此度量每一期的羊群效应水平。然后，把 2000 期的羊群效应水平进行算术平均，得到代表期货市场在一段时间内羊群效应平均水平的度量指标（用 HM 表示）。

期货市场价格的波动性可参考股票价格波动性的度量方法，采用反映价格离散程度的价格标准差。但与股票市场不同的是，期货市场容易受现货市场的影响，期货市场出现异常波动有可能是由于现货市场的过度波动。为控制现货价格波动的因素，我们采用相对的办法，把每次不同观察视野下模拟得到的 2000 期的期货价格和现货价格的数据导出，首先计算期货价格的样本标准差（用 $FP-Std$ 表示），然后计算现货价格的标准差（用 $SP-Std$ 表示），再用 $FP-Std$ 除以 $SP-Std$，以此作为期货价格相对波动性大小的度量指标（用 $FP-RVol$ 表示），$FP-RVol$ 数值越大，说明期货市场价格的波动性越大。

期货价格的有效性对于期货市场来说主要是指期货的价格发现功能，即期货价格是否反映了未来现货价格的信息。为此，我们把每期的期货价格看作下一期（未来）现货价格的预测值，计算它们的平均绝对百分误差（$Mape$），即用每期期货价格减去下一期（未来）现货价格的绝对值，然后除以现货价格，作为期货价格对下一期现货价格的预测相对误差，再把 2000 期的预测相对误差求算术平均值，以此作为期货价格对未来现货价格的价格发现功能的度量指标（用 $FS-Mape$ 表示），$FS-Mape$ 数值越大，说明期货价格反映未来现货价格的偏差越大，其价格有效性也就越差。

把不同观察视角下 40 次模拟计算出的羊群效应水平 HM、期货价格相对波动率 $FP-RVol$、期货价格和未来现货价格的平均绝对百分误差 $FS-Mape$ 结果列示如表 7-6 所示。

表 7-6 不同羊群效应水平下期货价格相对波动率、期货和现货价格平均绝对百分误差的模拟结果

Scope	HM (%)	$FP-RVol$ (%)	$FS-Mape$ (%)	Scope	HM (%)	$FP-RVol$ (%)	$FS-Mape$ (%)
0	0	108.50	10.69	1.00	16.28	95.19	10.38
0.05	0.13	103.57	11.07	1.05	16.85	100.06	9.58
0.10	0.49	105.04	11.56	1.10	17.20	95.38	11.65
0.15	0.93	101.33	10.86	1.15	17.53	103.12	11.13
0.20	1.91	98.03	10.13	1.20	17.91	101.11	10.23
0.25	3.14	109.58	12.48	1.25	18.21	98.51	10.38
0.30	3.85	90.57	12.00	1.30	18.45	102.63	10.87
0.35	4.99	94.24	12.19	1.35	18.71	121.38	10.71
0.40	6.14	90.73	10.47	1.40	18.97	94.92	10.65
0.45	7.42	96.84	9.70	1.45	19.14	100.31	10.85
0.50	8.72	106.70	11.47	1.50	19.39	102.86	10.26
0.55	9.62	98.38	10.15	1.55	19.56	96.17	11.04
0.60	10.52	89.18	11.30	1.60	19.76	102.01	10.05
0.65	11.55	89.74	9.93	1.65	19.90	97.78	10.28
0.70	12.59	104.38	11.19	1.70	20.10	103.57	10.47
0.75	13.32	99.11	12.62	1.75	20.22	95.61	11.36

Scope	HM (%)	FP – RVol (%)	FS – Mape (%)	Scope	HM (%)	FP – RVol (%)	FS – Mape (%)
0.80	14.22	108.65	12.19	1.80	20.35	101.38	10.54
0.85	14.68	103.00	10.75	1.85	20.48	95.72	10.09
0.90	15.43	102.20	10.19	1.90	20.57	102.79	10.18
0.95	15.81	101.83	10.18	1.95	20.70	101.80	11.26

分别把期货价格相对波动性 $FP-RVol$、期货和现货价格平均绝对百分误差 $FS-Mape$ 对羊群效应水平 HM 做最小二乘回归。经检验发现 $FS-Mape$ 对 HM 的回归模型存在异方差，为避免出现异方差造成变量显著性检验失效的问题，统一对模型进行怀特（White）异方差稳健标准误修正（后边的回归分析也都如此处理）。回归结果如表 7-7 所示。

表 7-7　　　　期货价格标准差、期货和现货价格平均绝对
百分误差与羊群效应水平的回归分析结果

变量	模型（1）：$FP-RVol$	模型（2）：$FS-Mape$
HM	0.01 (0.098)	-0.03 ** (-2.070)
截距项	100.17	11.26
可决系数 R^2	0.0002	0.0889
样本容量	40	40

注：（ ）里边的数值为 white 异方差稳健标准误法修正后的 t 值，** 代表在 5% 水平上显著。

由表 7-7 的模型（1）发现，羊群效应水平变量 HM 的回归系数并不显著，随着市场上总体羊群效应水平的提高，期货价格的相对波动率并没有显著的变化，所以没有充足的理由认为羊群效应会加剧期货市场价格的波动性。这一结论与陈莹等（2010）、刘海飞等（2011）、袁建辉等

（2011）、郑丰等（2015）、王朝晖和李心丹（2015）对股票市场模拟实验得出的结论并不一样，上述文献都基本肯定羊群效应会加剧股票市场价格的波动性，而本书对于期货市场的模拟实验则显示羊群效应并未加剧期货市场价格的波动性。这说明，期货市场比起股票市场具有更复杂的交易机制，在股票市场得出的结论在期货市场上不一定成立，要了解羊群效应对期货市场的作用机理不能直接搬用股票市场的理论。

由表 7 - 7 的模型（2）发现，期货和未来现货价格平均绝对百分误差 $FS - Mape$ 对羊群效应水平 HM 的回归系数是个负数并且在 5% 的水平上显著，这表明羊群效应的存在非但不会降低反而略微增强了期货的价格发现功能，这也有悖于奇普里亚尼和瓜里诺（2014）在股票市场上得出的结论和人们的直觉。一般认为羊群效应具有非理性成分，羊群效应的存在可能会引入大量噪声，从而使得金融市场价格信息失真，导致市场价格不再有效，但模拟结果显示事实并非一定如此。

（3）不同类型交易者存在的市场与期货价格的关系

为什么羊群效应不会加剧期货价格的波动性并且还略微增加了期货价格的有效性？这是否和期货市场多样的交易群体有关？为解开这些谜团，我们改变不同种群交易者的人数，接着考察不同交易群体对于期货价格波动性和有效性的影响。

以 N_{sr}，N_{sh}，N_{ar}，N_{ah} 分别代表理性投机者、模仿交易投机者、理性套利者、模仿交易套利者种群的人数，根据期货市场存在的交易者的类型改变种群的人数，把仿真模型分为 8 种情况，分别是，模型（3）：只有理性投机者存在的市场（设定 $N_{sr} = 1000$，N_{sh}，N_{ar}，$N_{ah} = 0$）；模型（4）：只有模仿交易投机者存在的市场（设定 $N_{sh} = 1000$，N_{sr}，N_{ar}，$N_{ah} = 0$）；模型（5）：理性投机者和模仿交易投机者同时存在的市场（设定 N_{sr}，$N_{sh} = 1000$，N_{ar}，$N_{ah} = 0$）；模型（6）：只有理性套利者存在的市场（设定 $N_{ar} = 1000$，N_{sr}，N_{sh}，$N_{ah} = 0$）；模型（7）：只有模仿交易套利者存在的市场（设定 $N_{ah} = 1000$，N_{sr}，N_{sh}，$N_{ar} = 0$）；模型（8）：理性套利者和模仿交易套利者同时存在的市场（设定 N_{ar}，$N_{ah} = 1000$，N_{sr}，$N_{sh} = 0$）；

模型（9）：模仿交易投机者和模仿交易套利者同时存在的市场（设定
N_{sh}，$N_{ah}=1000$，N_{sr}，$N_{ar}=0$）；模型（10）：四种类型交易者同时存在的
市场（设定 N_{sr}，N_{sh}，N_{ar}，$N_{ah}=1000$）。以上模型如果存在模仿交易者，
则把模仿交易者的观察视野 *Scope* 固定为 2.0 瓦片。把八种情况仿真模型
模拟得到的 2000 期期货价格和现货价格结果导出，如图 7 - 7 至图 7 - 14
所示。

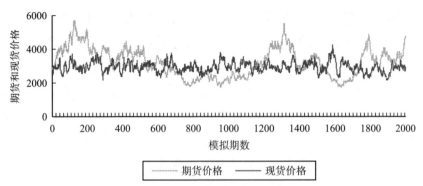

图 7 - 7　模型（3）：只有理性投机者的市场

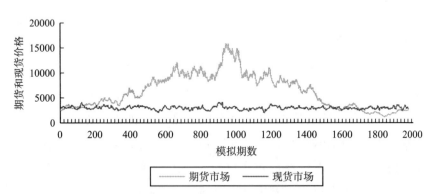

图 7 - 8　模型（4）：只有模仿交易投机者的市场

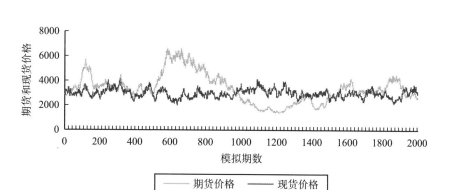

图7-9　模型（5）：理性投机者＋模仿投机者存在的市场

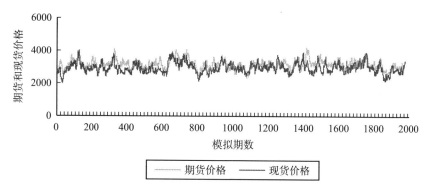

图7-10　模型（6）：只有理性套利者的市场

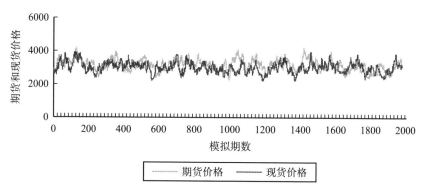

图7-11　模型（7）：只有模仿交易套利者的市场

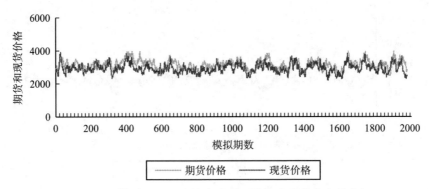

图 7 - 12 模型 (8)：理性套利者 + 模仿套利者存在的市场

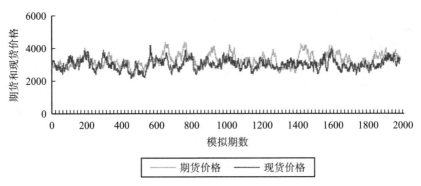

图 7 - 13 模型 (9)：模仿投机者 + 模仿套利者存在的市场

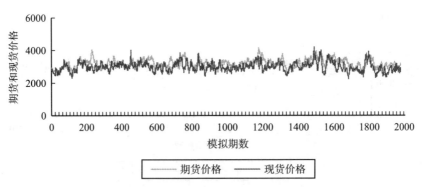

图 7 - 14 模型 (10)：四种类型交易者同时存在的市场

对模拟结果进行量化分析，首先使用回归分析方法作下一期（未来）

现货价格 S_t 对当期期货价格 F_t 的回归，回归方程为

$$S_T = \beta_0 + \beta_1 F_t + \mu \qquad (7-43)$$

通过回归考察现货价格和期货价格的协整关系以及回归方程的拟合优度，同时计算 S_t 和 F_t 的相关系数，以此分析不同交易者存在的期货市场中期货价格和现货价格之间的关联性。为考察期货价格的波动性，使用同样的方法计算期货价格的样本标准差 $FP-Std$ 和现货价格的样本标准差 $SP-Std$，再计算期货价格的相对波动率指标 $FP-RVol$。同时计算期货价格和现货价格的平均绝对百分误差 $FS-Mape$ 考察期货价格的有效性。8 种情况下的模型量化分析结果整理如表 7-8 所示。

由图 7-7 和表 7-8 模型（3）的结果发现，如果市场上只有理性投机者，尽管做出的交易决策是理性的，但期货市场的涨跌幅度明显大于现货市场，期货价格的相对波动性 $FP-RVol$ 达到 272.34%，同时期货价格和现货价格甚至出现了负相关的关系，这说明"投机"是造成期货市场大幅波动的力量来源，如果市场交易者都是为了通过当期和未来期货的价差获利，从而进行单向的交易策略，容易造成市场短期供需的严重失衡，进而带来期货价格的大涨大跌。由图 7-8 和表 7-8 模型（4）的结果进一步发现，如果市场中交易者不仅都是投机，而且都是跟风模仿的交易，每个个体获得的信息质量又很差，这种期货市场的波动率会远远高于现货市场（$FP-RVol$ 高达 1071.64%），期货价格出现暴涨暴跌异常波动的概率极大。此时的期货价格和现货价格不再具有明显的相关性（F_t 回归系数不再显著，可决系数和相关系数接近于 0），期货价格对于未来现货价格的价格发现功能也几乎丧失（$FS-Mape$ 指标高达 128.16%），期货市场的价格不再有效。这说明模仿交易的投机是期货市场异常波动的重要诱因，如果大家都跟风交易，对期货价格进行追涨杀跌，会带来期货价格的剧烈波动，这种波动已经脱离了现货市场基本面的影响。由图 7-9 和表 7-8 模型（5）还发现，尽管在模仿交易投机者市场中增加了理性投机者，$FP-RVol$ 为 338.32%，期货市场的波动仍旧明显大于现货市场，但

表 7 - 8　　不同交易者类型市场条件下期货价格和现货价格的量化分析

变量	模型（3）	模型（4）	模型（5）	模型（6）	模型（7）	模型（8）	模型（9）	模型（10）
F_t	-0.03*** (-3.973)	-0.003 (-1.236)	-0.10*** (-15.995)	0.54*** (24.831)	0.24*** (12.085)	0.49*** (27.350)	0.29*** (17.793)	0.37*** (15.961)
截距项	3048.57	2976.66	3321.60	1250.44	2254.70	1240.10	2054.38	1826.10
协整关系	存在	存在	存在	存在	存在	存在	存在	存在
可决系数 R^2	0.0082	0.0008	0.1191	0.2569	0.0652	0.2511	0.1338	0.1217
相关系数	-0.0904	-0.0278	-0.3452	0.5069	0.2553	0.5011	0.3657	0.3489
FP - Std	840.404	3448.769	1151.754	291.041	336.022	286.560	389.129	271.298
SP - Std	308.581	321.823	340.430	311.038	315.787	282.453	310.045	284.013
FP - RVol（%）	272.34	1071.64	338.32	93.57	106.41	101.45	125.51	95.52
FS - Mape（%）	27.15	128.16	35.95	10.03	11.79	10.37	12.88	10.19
样本容量	2000	2000	2000	2000	2000	2000	2000	2000

注：（）里边的数值为 white 异方差稳健标准误差修正后的 t 值，*** 代表在 1% 水平上显著。

波动幅度相对于完全是模仿交易投机者的市场小了很多，同时期货价格发现功能也得到了改善，$FS-Mape$ 由超过 100% 降低到了 35.95%。出现这种改善的原因在于，理性投机者获取信息的质量较高，除了理性投机者的交易，模仿交易投机者也模仿了理性投机者，最终形成的期货价格包含了理性投机者高质量的信息。但比起完全是理性投机者的市场，具有模仿交易投机者的市场期货价格不仅波动性大，而且期货价格的有效性要低，说明模仿交易投机者的存在会对市场带来一定的扰动。

如果市场中只有套利者，由图 7 – 10 和表 7 – 8 的模型（6）可看出，在交易主体都是理性套利者的情况下，期货价格波动率 $FP-Std$ 为 291.041，$FP-RVol$ 为 93.57%，期货市场的波动性较小，和现货市场的波动差不多，甚至比现货市场波动还小一些，远远小于只有投机者市场的情形。同时，期货价格和未来现货价格具有显著的正相关关系，回归系数为正且显著，相关系数达到 0.5069，期货价格和未来现货价格的波动具有很好的同步性，并且期货价格和未来现货价格的平均绝对百分误差 $FS-Mape$ 仅为 10.03%，期货市场的价格高度有效。这说明，在期货市场和现货市场之间的套利交易是期货市场稳定运行的核心力量，也是期货市场功能发挥的关键因素。由图 7 – 11 和表 7 – 8 的模型（7）我们还惊奇地发现，即使市场上都是模仿交易的套利者，他们获取信息的质量相对较差，也会进行跟风或从众交易，但期货市场并没有因为这种模仿交易而有太大的波动，期货价格的波动率 $FP-Std$ 为 336.022，也只比现货市场的波动率略大一些（$FP-RVol$ 为 106.41%）。虽然相关系数变小了一些，但回归系数依然为正并且显著，$FS-Mape$ 也仅为 11.79%，与纯理性套利者的市场相比并没有增加很多，期货的价格发现功能没有受到太多的影响。这表明，套利策略的模仿交易对期货市场并没有太大的坏处，不会带来明显的期货市场价格波动率的上升和价格有效性的下降，这和模仿跟风的投机交易带来的影响是不一样的。原因可能在于，套利交易是紧盯现货市场的，即使持有成本信息获取的质量较差并相互模仿，套利交易还是会使得期货市场紧密联系现货市场，不至于使期货价格脱离市场的基本面因素。我们把理性套利者引入模仿交易套利者的市场中，由图 7 – 12 和表 7 – 8 的模型（8）可看出，理性套利者的加入，会轻微改善纯模仿交易套利者期货市场价格的波动性和价格的有效性，这是因为理性套利者具有较高的信息质量。总的来说，模仿交易套利者虽然会带来一定的噪声，但危害不大，随着理性套利者的加入，期货市场价格会更加稳定且有效。

由模拟实验的结果分析可知，模仿交易投机者容易造成期货市场的暴涨暴跌，模仿交易套利者则是市场的稳定力量，对期货市场没有太大的负面影响，那么，如果模仿交易投机者和模仿交易套利者同时存在期货市场，期货价格会有怎样的表现？为此，我们模拟了同时存在模仿交易投机者和模仿交易套利者的市场。由图 7 – 13 和表 7 – 8 的模型（9）可看出，比起模型（7）纯模仿交易套利者的市场，虽然模仿交易投机者的加入会增加期货市场价格的波动性，但期货市场相对波动性指标只是轻微增加，$FP – RVol$ 由 106.41% 增加到了 125.51%，并没有大幅的变化。同时期货市场有效性指标 $FS – Mape$ 也只是轻微上升，由 11.79% 增加到了 12.88%，期货价格和未来现货价格的正相关性也显著存在。与之形成鲜明对比的是，模型（4）纯模仿交易投机者的市场，在加入模仿交易套利者变为模型（10）之后，期货市场的波动性有了大幅的下降，相对波动性指标 $FP – RVol$ 由 1071.64% 下降到了 125.51%，价格有效性指标 $FS – Mape$ 由 128.16% 显著下降到了 12.88%，期货价格和未来现货价格的关系也由原来不存在相关性变为了存在一定的相关性。这说明，虽然都是模仿交易，但模仿交易套利者对于期货市场的稳定力量要强于模仿交易投机者对期货市场的不稳定影响，市场中只要存在套利交易，尽管是模仿跟风，也会大大提高期货市场的稳定性和价格的有效性。我们最后把四种交易者都存在的市场再做一次模拟，如图 7 – 14 和表 7 – 8 的模型（10）所示，同样发现，如果市场中同时存在理性和模仿交易的投机者和套利者，由于套利力量的存在，期货市场的波动还是比较稳定的（$FP – RVol$ 为 95.52%），并且价格还是较为有效的（$FS – Mape$ 为 10.19%）。通过对不同交易者类型市场的模拟分析，我们解开了关于羊群效应没有加剧期货市场波动性和弱化期货价格发现功能的谜团，原因就在于，模仿交易套利者非但不是期货市场波动的助推力量，反而是稳定力量之一，而且套利稳定市场的力量要强于投机推动市场波动的力量，所以在四种交易者都存在的市场上，以投机者和套利者一起测算的市场羊群效应水平的增加不会加剧期货市场的波动和降低价格的有效性。

（4）噪声信息、羊群效应与期货价格的关系

对期货价格波动性和有效性的分析都是在市场交易者获得的信息是真实信息的无偏估计的情况下进行讨论的，但现实中不是每个交易者获得的信息都准确，有可能部分交易者获得的信息会存在系统性偏差，这部分交易者参与市场交易会带来噪声信息。我们的问题是，如果理性交易者在获取信息时存在部分噪声信息，模仿交易或者羊群效应是否会放大这些噪声信息，使得期货市场的波动性加剧和价格发现功能失效？一种可能是，噪声信息会随着交易者的相互模仿和传播，使得市场上的信息失真，出现"噪声扩音器"效应。但还有另一种可能是，模仿交易者同时也模仿了准确的信息，使得准确信息在市场中的比重加大，反而弱化了噪声信息的影响，出现"噪声消音器"效应。两种效应相互作用，在期货市场中最终会出现怎样的结果？为解答这一问题，我们在模拟程序中把模拟时期分为三个阶段：第一阶段为只有理性交易者的交易，模拟 1000 期；第二阶段引入噪声交易，随机抽取 1/5 数量的理性交易者，令他们获取信息与真实信息存在系统性偏差（获取信息的均值为真实信息的均值加上或者减去 10 倍的标准差），让具有噪声信息的交易者与没有系统性偏差信息的理性交易者一起参与市场的交易，同样模拟 1000 期；第三阶段再引入模仿交易者，同前两类交易主体一起参与市场交易，这一阶段也模拟 1000 期。通过比较不同阶段期货市场价格的变化，即可分析噪声信息对期货市场的影响，以及羊群效应是起到了"噪声扩音器"还是"噪声消音器"的作用。

按照不同类型交易者以及存在信息系统性偏差方向的不同，我们把仿真模型分为 6 种情况，模型（11）：只有投机者的市场，部分投机者获取

信息的偏差为正偏差；模型（12）：只有投机者的市场，部分投机者获取信息的偏差为负偏差；模型（13）：只有套利者的市场，部分套利者获取信息的偏差为正偏差；模型（14）：只有套利者的市场，部分套利者获取信息的偏差为负偏差；模型（15）：同时存在投机者和套利者的市场，部分投机者和套利者获取信息的偏差都为正偏差；模型（16）：同时存在投机者和套利者的市场，部分投机者和套利者获取信息的偏差都为负偏差。把不同情况仿真模型模拟得到的 3000 期期货价格和现货价格结果导出，并把模型（11）到模型（16）的模拟结果用折线图呈现，如图 7 - 15 至图 7 - 20 所示。

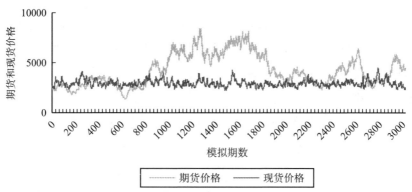

图 7 - 15　模型（11）：只有投机者的市场（正偏差噪声信息）

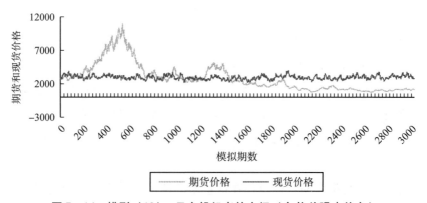

图 7 - 16　模型（12）：只有投机者的市场（负偏差噪声信息）

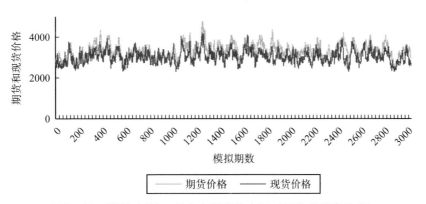

图 7 - 17 模型（13）：只有套利者的市场（正偏差噪声信息）

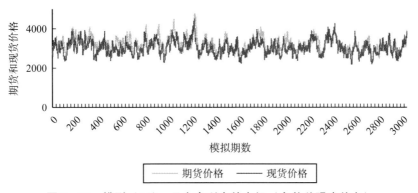

图 7 - 18 模型（14）：只有套利者的市场（负偏差噪声信息）

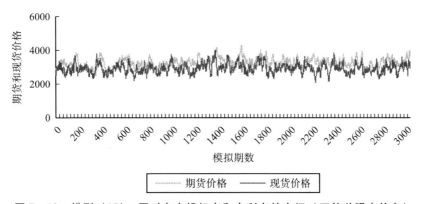

图 7 - 19 模型（15）：同时存在投机者和套利者的市场（正偏差噪声信息）

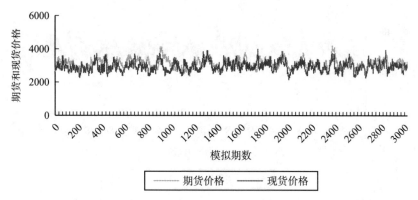

图 7 - 20　模型（16）：同时存在投机者和套利者的市场（负偏差噪声信息）

把不同情况模拟得到的 3000 期期货价格和现货价格做回归分析。为分析噪声信息对于期货价格的影响，我们引入噪声交易的虚拟变量 *Dnoise*，如果市场中具有噪声信息，则设置这一时期 *Dnoise* 的取值为 1，否则为 0。同时，为分析羊群效应是放大还是削弱了噪声信息的影响，引入噪声信息和羊群效应的交互项 *Dnoise · HM*。回归方程如下：

$$F_t = \beta_0 + \beta_1 Dnoise + \beta_2 Dnoise \cdot HM + \beta_3 S_T + \mu \qquad (7-44)$$

除了通过回归分析考察噪声信息对期货价格均值的影响，我们还计算了 3 个阶段期货价格的有效性指标 *FS - Mape* 和波动性指标 *FP - RVol*（分别用下标 1，2，3 表示），以比较不同阶段期货价格的有效性和波动性。6 种情况模拟的量化分析结果如表 7 - 9 所示。

表 7 - 9　　　　噪声信息、羊群效应与期货价格的量化分析表

变量	模型（11）	模型（12）	模型（13）	模型（14）	模型（15）	模型（16）
Dnoise	2941. 93 *** (62. 930)	- 2326. 98 *** (- 31. 174)	230. 23 *** (19. 176)	- 40. 41 *** (- 3. 045)	212. 27 *** (18. 104)	- 118. 43 *** (- 9. 393)
Dnoise · HM	- 10257. 4 *** (- 44. 087)	- 7135. 33 *** (- 46. 304)	- 399. 67 *** (- 7. 179)	- 504. 83 *** (- 8. 607)	- 375. 22 *** (- 6. 952)	139. 86 ** (2. 302)

续表

变量	模型（11）	模型（12）	模型（13）	模型（14）	模型（15）	模型（16）
S_t	0.19 *** (3.605)	-0.31 *** (-4.116)	0.67 *** (41.334)	0.61 *** (44.085)	0.27 *** (17.231)	0.38 *** (19.977)
截距项	2434.26	5820.96	1151.79	1427.83	2352.54	2043.87
调整可决系数 R^2	0.6082	0.5686	0.4535	0.4036	0.1955	0.1471
$FS - Mape_1$（%）	22.41	67.86	8.71	10.82	11.55	12.74
$FS - Mape_2$（%）	105.92	30.66	12.75	10.23	15.14	9.07
$FS - Mape_3$（%）	36.90	62.31	11.58	7.38	14.45	8.95
$FP - RVol_1$（%）	262.38	717.54	114.99	95.64	105.95	99.54
$FP - RVol_2$（%）	380.56	295.49	107.63	113.17	84.11	101.28
$FP - RVol_3$（%）	260.10	73.61	102.31	83.80	90.92	112.43
样本容量	3000	3000	3000	3000	3000	3000

注：（）里边的数值为 white 异方差稳健标准误法修正后的 t 值，*** ，** 代表在 1%，5% 水平上显著。

由图 7-15 可看出，相较于没有噪声信息的市场，在 1000 期引入正偏差噪声信息后，期货价格相较前期有了较大的波动，并且呈现出向上波动的趋势，而在 2000 期引入羊群效应之后，期货价格的波动似乎有所下降。这一价格波动趋势在表 7-9 模型（11）的量化分析中得到了验证，表 7-9 模型（11）的回归结果显示，噪声信息虚拟变量 $Dnoise$ 的回归系数为正并且显著，$FS - Mape_2$ 显著大于 $FS - Mape_1$，$FP - RVol_2$ 显著大于 $FP - RVol_1$，表明在投机者获得的信息有正偏差的情况下，部分投机者会高估到期的现货价格，从而增加买多的交易量，通过投机者之间的交易，这种噪声信息平均来说会推高期货价格，同时降低期货价格的有效性和加剧期货价格的波动性。在市场出现羊群效应后，交互项 $Dnoise \cdot HM$ 的回归系数显著为负值，表明羊群效应的存在削弱了正偏差噪声信息拉高期货价格的影响，与此同时 $FS - Mape_3$ 和 $FP - RVol_3$ 相对 $FS - Mape_2$ 和 $FP - RVol_2$ 均有了下降，表明羊群效应非但没有放大噪声信息的不利影响，反而部分修正了噪声信息造成的价格失真和市场波动问题。这种情况出现的原因可能是由于羊群效应更大程度吸收了理性交易者的准确信息而非噪声信息，起到了"噪声消音器"的作用。但由图 7 – 16 和表 7 – 9 模型（12）的结果我们发现，在投机者期货市场上，噪声信息并非总会使得价格信息失真，投机者的羊群效应的存在也并非像模型（11）那样总能改善市场。因为在模型（12）的结果中，期货价格在没有噪声信息的初期，由于投机者的投机交易已经造成了期货价格的虚高（如图 7 – 16 所示），此时的期货价格有效性指标 $FS - Mape_1$ 是 67.86%。在引入负偏差噪声信息后，$Dnoise$ 的回归系数显著为负值，噪声信息的存在使得期货价格有所回落，期货价格的有效性指标 $FS - Mape_2$ 在引入噪声信息后并没有上升反而下降到了 30.66%。而在羊群效应加入后，$Dnoise \cdot HM$ 的回归系数也显著为负值，羊群效应使得噪声信息进一步造成期货价格的下行，期货价格的有效性指标 $FS - Mape_3$ 又上升到了 62.31%。这些结果表明，负偏差的噪声信息会拉低期货价格，如果之前理性投机者的交易造成了期货价格的虚高，这种负偏差噪声信息的引入是有助于期货价格向现货价格的回归的。羊群效应的存在会加剧噪声信息拉低价格的效果，但有可能造成市场回调过度，又降低了期货价格的有效性，羊群效应这时呈现的是"噪声扩音器"效应。

相对于图 7 – 15 和图 7 – 16 呈现的投机者市场，图 7 – 17 和图 7 – 18 呈现的套利者市场则要稳定得多，虽然也存在噪声信息，但期货价格都基本围绕现货价格波动，并且保持高度的同步性。由表 7 – 9 模型（13）的结果可看出，在套利者存在正偏差的持有成本噪声信息条件下，$Dnoise$ 的回归系数显著为正，$Dnoise \cdot HM$ 的回归系数显著为负，$FS - Mape$ 指标呈现出先增后减的变化，这种情况跟模型（11）类似，表明正偏差信息会使得套利者高估持有成本，从而会增加他们的买多交易量，进而推高期货价格，使得信息失真。在羊群效应加入后，会削弱噪声信息的影响，使期货价格回调，提高期货价格的有效性。与模型（11）不同的地方在于，套利者市场比起投机者市场，噪声信息及羊群效应对期货价格的影响要温和得多，市场的波动性也并没有表现出明显的变化。表 7 – 9 的模型 (14) 显示，负偏差的持有成本噪声信息下，*Dnoise* 和 *Dnoise · HM* 的回归系数也都显著为负，这点与模型 (12) 也类似，表明负偏差持有成本信息拉低了期货价格，羊群效应放大了这种影响。但与模型 (12) 不同的地方在于，市场有效性指标 *FS – Mape* 在引入负偏差持有成本信息后有了轻微的下降，而在羊群效应放大这种信息后下降反而更为显著。出现这种影响的原因在于，在套利交易下持有成本是造成期货价格和现货价格出现偏差的一个主要因素，如果持有成本被低估，期货价格和现货价格的偏差会变小，反而有利于期货价格发现功能的发挥，这种情况下羊群效应的"噪声扩音器"作用反而是有利于市场价格有效性的。

在同时存在投机者和套利者的市场，由图 7 – 19 和图 7 – 20 发现，除了波动幅度的一点差异，期货市场的总体表现都更接近于图 7 – 17 和图 7 – 18 所呈现的只有套利者的市场的情形。量化分析结果也支持这一论断，在表 7 – 9 模型 (15) 的结果中，虽然投机者和套利者都存在正的信息偏差，但 *Dnoise* 的回归系数为 212.27，比起只有投机者市场模型 (11) 的 *Dnoise* 回归系数要小得多，期货价格在双重正向噪声信息的影响下并未呈现出大幅的向上偏移。无论是羊群效应的效应 *Dnoise · HM* 交叉项的回归系数，还是市场有效性指标 *FS – Mape* 和波动性指标 *FP – RVol*，模型 (15) 与模型 (13) 的情形都比较接近。模型 (16) 也是如此，在投机者和套利者都存在负向信息偏差情况下，期货市场的数字特征都更接近与只有套利者市场模型 (14) 的情形。这表明，如果投机者和套利者都存在同方向的噪声信息，这些噪声信息对于期货价格的总影响并非是"一加一等于二"，而是近似"一加一等于一"，噪声信息的影响和羊群效应的效应都更多取决于套利者获取信息的情况。这意味着套利者比起投机者，在期货市场上是更强的决定市场特征的力量，套利者的存在以及获取信息的情况对于期货价格的波动性和有效性至关重要，这也进一步验证了不同类型交易者对期货市场运行的异质性影响。

7.2.4 稳健性检验

上述结论是否会随着参数赋值的不同和随机数生成的变化而改变，为解答这一问题，本书通过改变模型的参数和多次反复模拟，对上述结论的稳健性进行检验。首先改变交易者的视野，控制交易者类型的人数不变，把视野 $Scope$ 从 0 到 2.0，每次增加 0.05，对每一种类型交易者存在的市场分别进行 21 次模拟。然后改变交易者类型的人数，控制视野不变，把交易者人数（N_{sr}，N_{sh}，N_{ar}，N_{ah}）从 0 到 1000，每次增加 50 个，对每一种类型交易者存在的市场分别再进行 21 次模拟。模拟检验发现，除了数值上的差异，关于不同类型交易者存在的市场的以下结论是稳健的：相比起纯套利者市场，纯投机者市场期货价格的波动性要剧烈得多，价格的有效性也更低，尤其在存在模仿交易投机者时更是如此。模拟还发现，纯投机者的市场期货价格的模拟呈现出了多种形态，并非只有图 7 - 8 这一种形态，但总体来说都呈现大涨大跌的态势，说明纯投机者的市场具有极大的不稳定特征。但在套利者加入后，不管套利者人数多寡，期货价格基本都在现货价格附近波动，形态都与图 7 - 13 近似。分析此情况同时存在投机者和套利者市场下不同视野引起的市场羊群效应水平不同对于期货价格的影响，结果与表 7 - 7 的推论是类似的，即总体羊群效应与期货价格波动并没有显著的正向关系，原因就是套利在起作用，不管是理性套利者还是模仿交易套利者都形成了市场稳定的力量，导致羊群效应水平的上升不会加剧市场的波动性。最后，把噪声信息的偏差改变为偏离 1 和 5 个标准差，对每种偏离大小和方向下不同类型交易者的市场都进行 5 次反复模拟，检验噪声信息、羊群效应和期货价格结论的稳健性。对每个模拟结果做回归分析并计算不同阶段的波动性和有效性指标，检验发现，回归分析中 $Dnoise$ 和 $Dnoise \cdot HM$ 这两个回归系数的符号对于纯套利者市场是稳健的，量化分析结果基本如表 7 - 9 中模型（13）和（14）所示，市场价格走势图形也基本与图 7 - 17 和图 7 - 18 相似。但在纯投机者市场中不管是

期货价格走势还是 *Dnoise* 和 *Dnoise·HM* 回归系数的符号都并不稳健，有时会出现截然相反的符号。之所以纯投机者市场出现不同的结果，原因可能在于投机者市场的极度不稳定特征，在波动性大的市场条件下，不同的前期市场表现使得噪声信息及羊群效应对市场的影响是不一样的，并没有始终一致的作用方向。但不管怎样，以下结论是稳健的：相比纯投机者的市场，纯套利者的市场下噪声信息及羊群效应对期货价格的波动性和有效性的影响要温和得多。对于投机者和套利者同时存在的市场，两种不同偏差大小和不同方向下各 5 次的模拟结果都显示，在投机者和套利者都存在并且都具有噪声信息的情况下，期货市场各回归系数和指标的大小都更接近于纯套利者市场的情形，并且噪声信息及羊群效应对期货价格的影响更多取决于套利者获取信息的情况。进一步把投机者和套利者获取的信息偏差的方向和大小设置为随机的，在信息偏差随机产生的情况下的模拟也支持了这一结论，同时存在投机者和套利者的期货市场的市场特征都更接近纯套利者市场的情形，从而再次表明，套利者比起投机者，在期货市场上是更强的决定市场特征的力量。

7.2.5 结论分析

为解开期货市场异常波动之谜，本小节基于复杂适应系统模拟的方法，研究了可能导致期货市场异常波动的羊群效应与期货价格的波动性和有效性的问题。依据在期货市场交易策略的不同，本书把期货市场的交易主体分为理性投机者、模仿交易投机者、理性套利者、模仿交易套利者四类，并利用优化模型对这四种类型交易主体的决策行为进行了数理分析。在此基础上，构建期货市场的多主体复杂自适应系统仿真模型，并使用中国股指期货市场的数据对模型进行校准，模拟羊群效应的产生以及四种类型期货市场交易主体的交易行为形成的期货价格。

本章节首先模拟了模仿交易与羊群效应的关系。在模拟模仿交易行为时，把模仿交易和观察视野相联系，并通过模拟发现，市场羊群效应水平与模仿交易者的观察视野呈正向关系，模仿交易者的观察视野越大，其产生羊群效应的概率就越大，市场的羊群效应水平就越高，但观察视野达到一定程度后，羊群效应水平就趋于稳定，不再随着视野的扩大而增加了。所以，以定义的羊群效应指标去衡量市场的"模仿""从众"或"跟风"程度并不完全准确。

然后，本小节对羊群效应与期货市场价格波动性与有效性的关系进行了模拟分析。模拟结果发现，羊群效应对期货市场的影响与对股票市场的影响是不一样的。在期货市场中，羊群效应水平的提高并不必然加剧期货价格的波动性，这与其他学者在股票市场中的模拟实验得出的结论并不相同。同时，羊群效应也并不必然会降低期货价格的有效性甚至可能会出现提高其有效性的情形。之所以出现这种结果，原因在于期货市场存在着复杂的交易主体，既有单向交易的投机者又有双向交易的套利者。投机者是市场的不稳定力量，在没有套利者存在的情况下，投机者之间的交易容易造成期货价格的大涨大跌，这时如果再存在模仿交易及羊群效应，期货市场的波动则更为剧烈。所以，期货市场的异常波动可能是投机交易造成的，羊群效应在其中可能发挥了推波助澜的作用。相较投机者，套利者则是期货市场稳定的力量，模仿交易的套利者不但不会加剧市场的波动，反而是稳定市场的力量之一。纯投机者期货市场在引入套利者后，不管是理性套利者还是模仿交易套利者，市场的波动都会得到平抑，价格的有效性也会得到显著的提高。由于套利者的存在，且套利稳定市场的力量要强于投机推动市场波动的力量，以投机者和套利者一起测算的市场羊群效应水平的增加不会加剧期货市场的波动和降低价格的有效性。

最后，本小节在模拟模型中加入噪声信息，进一步考察噪声信息、羊群效应与期货价格的关系。模拟结果显示，在交易者存在噪声信息的情况下，羊群效应的存在同时发挥着"噪声扩音器"和"噪声消音器"的作用，并不必然导致期货的价格失真，甚至可能有助于改善市场的表现。投机者的噪声交易大多数情况下会降低市场价格的有效性，套利者则并不一定，负向的信息偏差反而会因为低估持有成本使得期货的价格发现功能增强。在投机者和套利者同时存在信息偏差的情况下，期货市场的市场特征更接近于只有套利者市场的情形，噪声信息的影响和羊群效应的效应都更多取决于套利者获取信息的情况。所以，套利者比起投机者，在期货市场上是更强的决定市场特征的力量，也是决定噪声信息及羊群效应影响期货市场波动性和有效性的关键力量。

针对我国期货市场近些年频频出现的短期内暴涨暴跌的异常现象，有些期货价格波动可能与现货市场价格的波动相关，但更多的期货市场价格波动，如2016年的棉花、焦煤焦炭、铁矿石等大宗商品期货市场，短期内的巨幅波动已经在某种程度上脱离了现货市场的基本面因素。造成这种情况的原因可能在于我国期货市场的套利力量薄弱，无法发挥出稳定市场的作用，从而造成投机盛行，而模仿投机的羊群效应更进一步加剧了这种异常波动，类似于本章节模拟的只有投机者存在的期货市场的情形。由于套利者是稳定市场的力量，同时也是决定羊群效应影响期货价格波动性和有效性的关键力量，要想期货市场稳定运行，更好地发挥价格指导的作用，使羊群效应产生正作用而非负作用，本书提出以下建议：一是完善期货市场交易机制，建立多层次的期货市场，尽可能消除套利有限性因素，增加期货市场中套利的力量；二是加大信息披露力度，减少交易者获取的信息误差，对期货交易者进行理性地预期引导，防止盲目地投机模仿交易。

附录 A 锚定效应多主体模型的 NetLogo 代码

1.   breed[rational-speculators rational-speculator]

2.   breed[rational-arbitragers rational-arbitrager]

3.   breed[anchoring-speculators anchoring-speculator]

4.   breed[anchoring-arbitragers anchoring-arbitrager]

5.

6.   globals

7.   [

8.   ;下面四个参数用来设定四种投资者的初始人数 =================

9.   num-rational-arbitragers

10.   num-rational-speculators

11.   num-anchoring-arbitragers

12.   num-anchoring-speculators

13.   ;锚定效应的系数 ====================================

14.   ;*sp-anchoring-coefficient* 的锚定效应的系数大小,介于(0,1),在界面 *slider* 中调节

15.   ;风险厌恶系数 =====================================

16.   ;*risk-aversion*   ;介于(0,1),在界面 *slider* 中调节

17.   ;下面的代码块是期货和现货的价格相关的变量 =================

18. futuresprice ;当期的期货价格

19. last-futuresprice ;上一期的期货价格

20. now-spotprice 　　;当期现货价格

21. last-spotprice;上一期的现货价格

22. var-noise-now-spotprice ;现货价格随机扰动项的方差

23. noise-now-spotprice 　;当期现货价格的随机干扰值

24. noise-log-now-spotprice ;当期现货价格对数收益率的随机干扰项

25. log-now-spotprice 　;当期现货价格对数收益率的均值

26. var-log-now-spotprice ;当期现货价格对数收益率的方差

27. log-next-spotprice ;到期现货价格的对数收益率

28. mean-log-next-spotprice 　;到期现货价格的对数收益率均值

29. var-log-next-spotprice 　;到期现货价格的对数收益率方差

30. noise-log-next-spotprice ;到期现货价格的对数收益率扰动值

31. next-spotprice 　　;下一期到期现货价格

32. mean-next-spotprice ;下一期到期现货价格均值

33. var-noise-next-spotprice 　;下一期到期现货价格方差

34. noise-next-spotprice 　;下一期到期现货价格的扰动值

35. now-carrycost 　　　;当期持有成本

36. next-carrycost 　　;下一期持有成本

37. var-noise-next-carrycost ;下一期持有成本的方差

38. log-now-carrycost 　;当期对数持有成本

39. var-log-now-carrycost ;当期对数持有成本的方差

40. noise-log-now-carrycost 　;当期对数持有成本的干扰项

41. log-next-carrycost 　;下一期对数持有成本

42. mean-log-next-carrycost ;下一期对数持有成本的均值

43. var-log-next-carrycost 　;下一期对数持有成本的方差

44. noise-log-next-carrycost ;下一期对数持有成本的干扰项

45. mean-next-carrycost 　;下一期持有成本的均值

46. total-rational-sp-trade   ;理性投机者的总合约交易量

47. total-rational-ar-trade   ;理性套利者的总合约交易量

48. total-anchoring-sp-trade   ;锚定效应投机者的总合约交易量

49. total-anchoring-ar-trade   ;锚定效应套利者的总合约交易量

50. total-trade-volume   ;市场总合约交易量

51. net-trade-volume   ;市场合约净交易量

52. ;*market-liquidity*   ;市场流动性调节参数,介于(0,1), 在界面 *slider* 中调节

53.]

54.

55. rational-speculators-own

56. [

57. spotprice-information   ;理性投机者获得的实际信息

58. information-noise ;理性投机者获得信息的干扰

59. var-information-noise ;投机者获得的信息干扰的方差

60. trade-volume ;理性投机者的交易量

61.]

62.

63. anchoring-speculators-own

64. [

65. spotprice-information   ;理性投机者获得的实际信息

66. information-noise ;理性投机者获得信息的干扰

67. var-information-noise ;投机者获得的信息干扰的方差

68. trade-volume ;锚定投机者的交易量

69. estimate-price ;锚定投机者当期对下一期现货价的估计

70. last-estimate-price ;锚定投机者上一次对现货价的估计,作为本次的 锚点

71.]

72.

73. rational-arbitragers-own

74. [

75. carrycost-information   ;理性投机者获得的实际信息

76. information-noise   ;理性投机者获得信息的干扰

77. var-information-noise   ;投机者获得的信息干扰的方差

78. trade-volume   ;理性套利者的交易量

79.]

80.

81. anchoring-arbitragers-own

82. [

83. carrycost-information   ;理性投机者获得的实际信息

84. information-noise   ;理性投机者获得信息的干扰

85. var-information-noise   ;投机者获得的信息干扰的方差

86. trade-volume   ;锚定投机者的交易量

87. estimate-price   ;锚定投机者当期对下一期现货价的估计

88. last-estimate-price   ;锚定投机者上一次对现货价的估计,作为本次的锚点

89.]

90. ; ================= 上面是变量声明 ==================== ;

91. ; ================= 下面是各种函数 ==================== ;

92. to setup

93. __clear-all-and-reset-ticks

94. set-default-shape turtles "fish"

95. random-seed 1000   ;设置种子方便复现

96. ;生成四种交易主体

97. create-agents

98. ;设定初始的现货参数

99.　set log-now-spotprice 7. 917230 ;用 *Lnsis* 序列第一个数值作为初始值

100.　set var-log-next-spotprice 0. 195481 ^ 2 ;用 *lnsis* 序列的方差作为对数现货价格的干扰项的方差

101.　set now-spotprice 2744. 16 ;用沪深 300 指数 2010 年 6 月 1 日的指数作为现货的初始价格

102.　set last-spotprice 2740 ;设定初始的持有成本参数

103.　set log-now-carrycost 5. 405129;用 *Lncarrycost* 序列第一个对数持有成本作为初始值

104.　set var-log-next-carrycost 0. 259206 ^ 2 ;用 *lncarrycost* 序列的方差作为干扰项的方差

105.　set now-carrycost 222. 5449 ;用 *carrycost* 序列第一个持有成本作为持有成本的初始价格

106.　;设定初始的期货价格参数

107.　set futuresprice 2779. 2;用沪深 300 指数期货合约 2010 年 6 月 1 日的价格作为期货的初始价格

108.　set last-futuresprice 2780

109.　end

110.

111.　to create-agents;设定四种期货投资者的数量,创建四种期货投资者

112.　create-rational-speculators rational-sp-population

113.　[　set color red

114.　set size 0. 5

115.　setxy random-xcor random-ycor

116.　]

117.　create-rational-arbitragers rational-ar-population

118.　[　set color yellow

119.　set size 0. 5

120.　setxy random-xcor random-ycor

121.]

122. create-anchoring-speculators anchoring-sp-population

123. [

124. set color blue

125. set size 0. 5

126. setxy random-xcor random-ycor

127. ;锚定投机者的锚定效应大小在界面的 *slider* 上进行设定,对应 *global* 变量为 *ar-anchoring-coefficient*

128.]

129. create-anchoring-arbitragers anchoring-ar-population

130. [set color green

131. set size 0. 5

132. setxy random-xcor random-ycor

133. ;锚定套利者的锚定效应大小在界面的 *slider* 上进行设定,对应 *global* 变量为 *ar-anchoring-coefficient*

134.]

135. end

136.

137. to go

138. ;将交易量清零,否则会一直累积,放在前面是为了一个循环后能输出正确的交易量信息而不会都是 0

139. set total-trade-volume 0

140. set net-trade-volume 0

141. if ticks > period-number[stop]   ;指定运行多少期

142. form-spotprice

143. form-carrycost

144. rational-speculator-trade

145. anchoring-speculator-trade

146. rational-arbitrager-trade

147. anchoring-arbitrager-trade

148. market-clearing

149. do-plots

150. tick

151. end

152.

153. to form-spotprice   ;现货价格的生成模拟

154. ;模拟生成现货价格序列,下一期现货价格就是到期的期货价格(投机者关注的信息)

155. set mean-log-next-spotprice   0.570814 + 0.928572 ∗ log-now-spot-price   ;下一期对数现货价格的均值,服从 $AR(1)$ 过程

156. set noise-log-next-spotprice random-normal 0 var-log-next-spotprice ;根据方差,生成下一期对数现货价格的干扰值

157. set log-next-spotprice mean-log-next-spotprice + noise-log-next-spotprice ;根据均值和干扰值,生成下一期现货价格收益率的真实值

158. ; set mean-next-spotprice exp(mean-log-next-spotprice + (var-log-next-spotprice / 2))   ;下一期现货价格的均值,后边投机者交易需要考虑的指标

159. set mean-next-spotprice exp(mean-log-next-spotprice)   ;下一期现货价格的均值,后边投机者交易需要考虑的指标

160. set var-noise-next-spotprice(exp(var-log-next-spotprice) - 1) ∗ exp(2 ∗ mean-log-next-spotprice + var-log-next-spotprice) ;用对数正态分布方差公式,生成下一期现货价格的扰动项的方差,后边投机者的交易需要考虑下一期现货价格的方差

161. set next-spotprice   exp(log-next-spotprice)   ;把到期对数现货数值还原为下一期的现货价格真实值

162. end

163.

164.　to form-carrycost ;模拟生成套利者对现货持有成本的估计

165.　set mean-log-next-carrycost　3. 119269 + 0. 418432　∗　log-now-carry-cost　　;下一期对数持有成本的均值,服从 $AR(1)$ 平稳过程

166.　; set var-log-next-carrycost 0. 022089　+（0. 977234　∗（noise-log-now-carrycost ^ 2））　;下一期对数持有成本的方差,服从 $ARCH(1)$ 过程（ $garchlncarrycost$ ）

167.　set noise-log-next-carrycost random-normal 0 var-log-next-carrycost　;根据方差,生成下一期对数持有成本的干扰值

168.　 set log-next-carrycost mean-log-next-carrycost + noise-log-next-carrycost ;根据均值和干扰值,生产下一期对数持有成本的真实值

169.　; set mean-next-carrycost exp（mean-log-next-carrycost　+（var-log-next-carrycost／2））　;根据对数正态分布均值公式,生成下一期持有成本的均值

170.　set mean-next-carrycost exp（mean-log-next-carrycost）;生成下一期持有成本的均值

171.　set var-noise-next-carrycost（exp（var-log-next-carrycost）- 1）∗ exp（2 ∗ mean-log-next-carrycost + var-log-next-carrycost）　;用对数正态分布方差公式,生成下一期持有成本的扰动项的方差（扰动项对数收益率均值为 0）,后边套利者的交易需要考虑下一期持有成本的方差

172.　set next-carrycost exp（log-next-carrycost）;把下一期对持有成本还原为下一期的持有成本真实值

173.　end

174.

175.　to rational-speculator-trade

176.　ask rational-speculators

177.　[

178.　let error-range random-float 1　　;理性套利者获取信息的误差倍数

179.　set var-information-noise error-range ＊ var-noise-next-spotprice 　；令理性投机者个人获取信息的方差为真实到期现货价格的倍数

180.　set spotprice-information random-normal mean-next-spotprice（var-noise-next-spotprice + var-information-noise）　；投机者实际获得到期现货价格的信息

181.　；估价即是得到的信息 *spotprice-information*，没有锚定调整

182.　；计算最佳交易量

183.　let x　spotprice-information - futuresprice

184.　let y　risk-aversion ＊（var-noise-next-spotprice + var-information-noise）

185.　set trade-volume x ／ y

186.　；计算总交易量和净交易量，方便后面形成期货价格

187.　set total-trade-volume total-trade-volume + abs trade-volume

188.　set net-trade-volume net-trade-volume + trade-volume

189.　　]

190.　end

191.

192.　to anchoring-speculator-trade　　　　　　；设定锚定投机者的交易行为

193.　ask anchoring-speculators

194.　　[

195.　let error-range random-float 1　；理性套利者获取信息的误差倍数

196.　set var-information-noise error-range ＊ var-noise-next-spotprice　；令理性投机者个人获取信息的方差为真实到期现货价格的倍数

197.　set spotprice-information random-normal mean-next-spotprice（var-noise-next-spotprice + var-information-noise）　；投机者实际获得到期现货价格的信息

198.　；计算本期的对期货到期时现货价格的估价 *estimate-price*，同时这也是下一次交易时候的锚点

199.　if last-estimate-price ＝0［set last-estimate-price spotprice-information］

200. set estimate-price（1 - sp-anchoring-coefficient）* spotprice-information + sp-anchoring-coefficient * last-estimate-price

201. ;计算最佳交易量

202. let x （1 - sp-anchoring-coefficient）* estimate-price + sp-anchoring-co-efficient * last-estimate-price - futuresprice

203. let y risk-aversion *（var-noise-next-spotprice + var-information-noise）

204. set trade-volume x／y

205. ;计算总交易量和净交易量,方便后面形成期货价格

206. set total-trade-volume total-trade-volume + abs trade-volume

207. set net-trade-volume net-trade-volume + trade-volume

208. ;如果存在交易,则把当期估价存入上一次,作为下一次的锚点

209. if trade-volume！=0［set last-estimate-price estimate-price］

210.]

211. end

212.

213. to rational-arbitrager-trade

214. ask rational-arbitragers

215. [

216. ;理性套利者获取信息的误差倍数

217. let error-range random-float 1

218. ;令理性套利者个人获取信息的方差为真实到期现货价格的倍数

219. set var-information-noise error-range * var-noise-next-carrycost

220. ;套利者实际获得持有成本的信息,不需要进行锚定调整

221. set carrycost-information random-normal mean-next-carrycost（var-noise-next-carrycost + var-information-noise）

222. ; ========= 下面代码块用来计算投机者的最佳交易量,即 *trade-volume*

223. let x carrycost-information + now-spotprice - futuresprice

224.   let y risk-aversion ＊（var-noise-next-carrycost + var-information-noise）

225.   set trade-volume x ／ y

226.   ;计算总交易量和净交易量,方便后面形成期货价格

227.   set total-trade-volume total-trade-volume + abs trade-volume

228.   set net-trade-volume net-trade-volume + trade-volume

229.   ]

230. end

231.

232.   to anchoring-arbitrager-trade   ;设定锚定套利者的交易行为

233.   ask anchoring-arbitragers

234.   [

235.   ;锚定套利者获取信息的误差倍数

236.   let error-range random-float 1

237.   ;令锚定套利者个人获取信息的方差为真实到期现货价格的倍数

238.   set var-information-noise error-range ＊ var-noise-next-carrycost

239.   ;锚定套利者实际获得持有成本的信息,需要进行锚定调整

240.   set carrycost-information random-normal mean-next-carrycost（var-noise-next-carrycost + var-information-noise）

241.   ;计算本期的对期货到期时现货价格的估价 *estimate-price*,同时这也是下一次交易时候的锚点

242.   if last-estimate-price = 0 [set last-estimate-price carrycost-information + now-spotprice]

243.   set estimate-price（1 - ar-anchoring-coefficient）＊（carrycost-information + now-spotprice）+ ar-anchoring-coefficient ＊ last-estimate-price

244.   ;计算最佳交易量

245.   let x   （1 - ar-anchoring-coefficient）＊ estimate-price + ar-anchoring-coefficient ＊ last-estimate-price - futuresprice

246.   let y   risk-aversion ＊（var-noise-next-carrycost + var-information-noise）

247.　set trade-volume x / y

248.　; ========= 下面代码块用来计算投机者的最佳交易量,即 *trade-volume*

249.　;计算总交易量和净交易量,方便后面形成期货价格

250.　set total-trade-volume total-trade-volume + abs trade-volume

251.　set net-trade-volume net-trade-volume + trade-volume

252.　;如果存在交易,则把当期估价存入上一次,作为下一次的锚点

253.　if trade-volume ! = 0 [set last-estimate-price estimate-price]

254.　]

255.　End

256.

257.　to market-clearing　　;市场结算出清,最终报出新一期的 * 期货价格,现货价格,持有成本 *

258.　;计算出新一期的期货价格

259.　ifelse total-trade-volume = 0　　　;如果没有市场交易,则期货价格不变

260.　[set futuresprice futuresprice]

261.　[let w net-trade-volume / total-trade-volume　　　;如果有市场交易,则价格变动,价格变动与净头寸的方向有关

262.　set futuresprice futuresprice * (exp(market-liquidity * w))]

263.　;信息时间往后递推,把当期值转化为上期值,得到新一期的现货价格及其他必要的市场信息

264.　set log-now-spotprice log-next-spotprice

265.　set var-log-now-spotprice var-log-next-spotprice

266.　set now-spotprice next-spotprice

267.　;信息时间往后递推,把当期值转化为上期值,得到新一期的持有成本及其他必要的市场信息

268.　set log-now-carrycost log-next-carrycost

```
269.  set var-log-now-carrycost var-log-next-carrycost

270.  set now-carrycost next-carrycost

271.  end

272.

273.  to do-plots

274.  set-current-plot "Spotprice & Futuresprice"

275.  set-current-plot-pen "spotprice"

276.  plot now-spotprice

277.  set-current-plot-pen "futuresprice"

278.  plot futuresprice

279.  set-current-plot "carrycost"

280.  set-current-plot-pen "carrycost"

281.  plot now-carrycost

282.  set-current-plot "Trade Volume"

283.  set-current-plot-pen "Total Volume"

284.  plot total-trade-volume

285.  set-current-plot-pen "Net Volume"

286.  plot net-trade-volume

287.  end
```

附录 B 处置效应多主体模型的 NetLogo 代码

```
1.    breed[rational-speculators rational-speculator]
2.    breed[rational-arbitragers rational-arbitrager]
3.    breed[DE-speculators DE-speculator]
4.    breed[DE-arbitragers DE-arbitrager]
5.
6.    globals
7.    [
8.    ;下面四个参数用来设定四种投资者的初始人数 =================
9.    num-rational-arbitragers
10.   num-rational-speculators
11.   num-DE-arbitragers
12.   num-DE-speculators
13.   ;处置效应的系数 ===================================
14.   ;sp-DE-coefficient    ;投机者的处置效应的系数大小,介于(0,1),在界
      面 slider 中调节
15.   ;ar-DE-coefficient    ;套利者的处置效应的系数大小,介于(0,1),在界
      面 slider 中调节
16.   ;风险厌恶系数 ===================================
```

17. ;*risk-aversion* ;介于(0,1),在界面 *slider* 中调节

18.   ;*market-liquidity*   ;市场流动性调节参数,介于(0,1),在界面 *slider* 中调节

19. ;套利者获得信息的误差的大小,在开仓交易中使用,太小的话会造成套利者的利润永远大于投机者 ===============================

20. ;*arbitrager-error* ;初始值取 1,但是调整后为 4 最合适,在界面 *input* 组件中调整。

21. ;*PGR-fixed*? 参数用来选择是所以交易主体用统一的 *PGR*,还是在 *Default-PGR* 的基础上有各自取不同值,在界面 *slider* 中调节

22. ;期货市场运行的期数 ===================================

23. ;*stages* ;初始值取 1000,在界面 *input* 组件中调整。

24. ;下面的代码块是期货和现货的价格相关的变量 ================

25. futuresprice ;当期的期货价格

26. last-futuresprice ;上一期的期货价格

27. now-spotprice ;当期现货价格

28. last-spotprice ;上一期的现货价格

29. var-noise-now-spotprice ;现货价格随机扰动项的方差

30. noise-now-spotprice ;当期现货价格的随机干扰值

31. noise-log-now-spotprice ;当期现货价格对数收益率的随机干扰项

32. log-now-spotprice ;当期现货价格对数收益率的均值

33. var-log-now-spotprice ;当期现货价格对数收益率的方差

34. log-next-spotprice ;到期现货价格的对数收益率

35. mean-log-next-spotprice ;到期现货价格的对数收益率均值

36. var-log-next-spotprice ;到期现货价格的对数收益率方差

37. noise-log-next-spotprice ;到期现货价格的对数收益率扰动值

38. next-spotprice ;下一期到期现货价格

39. mean-next-spotprice ;下一期到期现货价格均值

40. var-noise-next-spotprice ;下一期到期现货价格方差

41. noise-next-spotprice ;下一期到期现货价格的扰动值

42. now-carrycost ;当期持有成本

43. ; mean-now-carrycost ;当期持有成本均值

44. ; var-now-carrycost ;当期持有成本方差

45. next-carrycost ;下一期持有成本

46. var-noise-next-carrycost ;下一期持有成本的方差

47. log-now-carrycost ;当期对数持有成本

48. var-log-now-carrycost ;当期对数持有成本的方差

49. noise-log-now-carrycost ;当期对数持有成本的干扰项

50. ; var-log-now-carrycost ;当期对数持有成本的方差

51. log-next-carrycost ;下一期对数持有成本

52. mean-log-next-carrycost ;下一期对数持有成本的均值

53. var-log-next-carrycost ;下一期对数持有成本的方差

54. noise-log-next-carrycost ;下一期对数持有成本的干扰项

55. mean-next-carrycost ;下一期持有成本的均值

56. total-rational-sp-trade ;理性投机者的总合约交易量

57. total-rational-ar-trade ;理性套利者的总合约交易量

58. total-DE-sp-trade ;处置效应投机者的总合约交易量

59. total-DE-ar-trade ;处置效应套利者的总合约交易量

60. net-rational-sp-trade ;理性投机者的净合约交易量

61. net-rational-ar-trade ;理性套利者的净合约交易量

62. net-DE-sp-trade ;处置效应投机者的净合约交易量

63. net-DE-ar-trade ;处置效应套利者的净合约交易量

64. total-trade-volume ;市场总合约交易量例

65. net-trade-volume ;市场合约净交易量

66. rational-arbitragers-profit ;所有处置效应投机者的总盈亏

67. rational-speculators-profit ;所有处置效应套利者的总盈亏

68. DE-speculators-profit ;所有处置效应投机者的总盈亏

69. DE-arbitragers-profit   ;所有处置效应套利者的总盈亏

70. rational-arbitragers-meanprofit ;所有处置效应投机者的总盈亏

71. rational-speculators-meanprofit ;所有处置效应套利者的总盈亏

72. DE-speculators-meanprofit   ;所有处置效应投机者的总盈亏

73. DE-arbitragers-meanprofit   ;所有处置效应套利者的总盈亏

74.]

75.

76. rational-speculators-own

77. [

78. spotprice-information   ;理性投机者获得的实际信息

79. information-noise   ;理性投机者获得信息的干扰

80. var-information-noise   ;投机者获得的信息干扰的方差

81. open-volume   ;理性投机者的开仓交易量

82. close-volume   ;理性投机者的平仓交易量

83. position-price   ;投资者持仓价格的数据列表

84. position-volume   ;投资者持仓手数的数据列表

85. profit   ;账户的盈亏,正为盈利,负为亏损

86. PGR   ;实现账面收益仓位的概率

87.]

88.

89. DE-speculators-own

90. [

91. spotprice-information   ;理性投机者获得的实际信息

92. information-noise   ;理性投机者获得信息的干扰

93. var-information-noise   ;投机者获得的信息干扰的方差

94. open-volume   ;锚定投机者的开仓交易量

95. close-volume   ;理性投机者的平仓交易量

96. position-price   ;投资者持仓价格的数据列表

97.   position-volume   ;投资者持仓手数的数据列表

98.   profit   ;账户的盈亏,正为盈利,负为亏损

99.   PGR   ;实现账面收益仓位的概率

100.   ]

101.

102.   rational-arbitragers-own

103.   [

104.   carrycost-information   ;理性投机者获得的实际信息

105.   information-noise   ;理性投机者获得信息的干扰

106.   var-information-noise   ;投机者获得的信息干扰的方差

107.   open-volume   ;理性套利者的开仓交易量

108.   close-volume   ;理性投机者的平仓交易量

109.   position-price   ;投资者持仓价格的数据列表

110.   position-volume   ;投资者持仓手数的数据列表

111.   profit   ;账户的盈亏,正为盈利,负为亏损

112.   PGR   ;实现账面收益仓位的概率

113.   ]

114.

115.   DE-arbitragers-own

116.   [

117.   carrycost-information   ;理性投机者获得的实际信息

118.   information-noise   ;理性投机者获得信息的干扰

119.   var-information-noise   ;投机者获得的信息干扰的方差

120.   open-volume   ;锚定投机者的开仓交易量

121.   close-volume   ;理性投机者的平仓交易量

122.   position-price   ;投资者持仓价格的数据列表

123.   position-volume   ;投资者持仓手数的数据列表

124.   profit   ;账户的盈亏,正为盈利,负为亏损

125.　PGR 　　　　　　　　　;实现账面收益仓位的概率

126.　]

127.　; ================== 上面是变量声明 =================== ;

128.　; ================== 下面是各种函数 =================== ;

129.

130.　to setup

131.　__clear-all-and-reset-ticks

132.　set-default-shape turtles "fish"

133.　;设置种子方便复现

134.　if seed? [random-seed 137]

135.　;生成四种交易主体

136.　create-agents

137.　;设定初始的现货参数

138.　 set log-now-spotprice 7. 917230 ;用 *Lnsis* 序列第一个数值作为初始值

139.　 set var-log-next-spotprice 0. 195481 ^ 2 ;用 *lnsis* 序列的方差作为对数现货价格的干扰项的方差

140.　 set now-spotprice 2744. 16　 ;用沪深 300 指数 2010 年 6 月 1 日的指数作为现货的初始价格

141.　 set last-spotprice 2740 ;

142.　;设定初始的持有成本参数

143.　 set log-now-carrycost 5. 405129 ;用 *Lncarrycost* 序列第一个对数持有成本作为初始值

144.　 set var-log-next-carrycost 0. 259206 ^ 2 ;用 *lncarrycost* 序列的方差作为干扰项的方差

145.　 set now-carrycost 222. 5449 ;用 *carrycost* 序列第一个持有成本作为持有成本的初始价格

146.　 ;设定初始的期货价格参数

147.　 set futuresprice 2779. 2 ;用沪深 300 指数期货合约 2010 年 6 月 1 日

的价格作为期货的初始价格

148.　　set last-futuresprice 2780;

149.　　end

150.

151.　to create-agents;设定四种期货投资者的数量,创建四种期货投资者

152.　create-rational-speculators rational-sp-population

153.　[set color red

154.　set size 0.5

155.　setxy random-xcor random-ycor

156.　set position-price[]　;初始化投资者持仓价格的数据列表

157.　set position-volume[]　;初始化投资者持仓手数的数据列表

158.　set profit 0;初始化账户的盈亏为0

159.　ifelse PGR-fixed?　　;*PGR-fixed*? 用来选择是所有人固定 *PGR* 还是要有异质性指标

160.　[set PGR Default-PGR]

161.　[set PGR precision(random-normal Default-PGR 0.05)2　;设置每个主体的 *PGR*,以 *Default-PGR* 为均值,0.01 为方差做正态。*precision* 为小数点位数

162.　　;防止概率大于1或者小于0

163.　if PGR > =1[set PGR 1]

164.　if PGR < =0[set PGR 0.1]

165.　]

166.　]

167.　create-rational-arbitragers rational-ar-population

168.　[set color yellow

169.　set size 0.5

170.　setxy random-xcor random-ycor

171.　set position-price[];初始化投资者持仓价格的数据列表

172.　set position-volume〔〕;初始化投资者持仓手数的数据列表

173.　set profit 0 ;初始化账户的盈亏为 0

174.　ifelse PGR-fixed?　　;*PGR-fixed*? 用来选择是所有人固定 *PGR* 还是要有异质性指标

175.　〔set PGR Default-PGR〕

176.　〔set PGR precision(random-normal Default-PGR 0. 05)2 ;设置每个主体的 *PGR*,以 *Default-PGR* 为均值,0. 01 为方差做正态。*precision* 为小数点位数

177.　;防止概率大于 1 或者小于 0

178.　if PGR ＞ =1〔set PGR 1〕

179.　if PGR ＜ =0〔set PGR 0. 1〕

180.　〕

181.　〕

182.　create-DE-speculators DE-sp-population

183.　〔

184.　set color blue

185.　set size 0. 5

186.　setxy random-xcor random-ycor

187.　;处置效应投机者的处置效应大小在界面的 *slider* 上进行设定,对应 *global* 变量为 *ar-DE-coefficient*

188.　set position-price〔〕　;初始化投资者持仓价格的数据列表

189.　set position-volume〔〕　;初始化投资者持仓手数的数据列表

190.　set profit 0 ;初始化账户的盈亏为 0

191.　ifelse PGR-fixed?　　;*PGR-fixed*? 用来选择是所有人固定 *PGR* 还是要有异质性指标

192.　〔set PGR Default-PGR〕

193.　〔set PGR precision(random-normal Default-PGR 0. 05)2 ;设置每个主体的 *PGR*,以 *Default-PGR* 为均值,0. 01 为方差做正态。*precision* 为

小数点位数

194. ;防止概率大于 1 或者小于 0

195. if PGR ＞＝1［set PGR 1］

196. if PGR ＜＝0［set PGR 0. 1］

197.]

198.]

199. create-DE-arbitragers DE-ar-population

200. ［set color green

201. set size 0. 5

202. setxy random-xcor random-ycor

203. ;处置效应套利者的处置效应大小在界面的 *slider* 上进行设定,对应 *global* 变量为 *ar-DE-coefficient*

204. set position-price［］;初始化投资者持仓价格的数据列表

205. set position-volume［］ ;初始化投资者持仓手数的数据列表

206. set profit 0 ;初始化账户的盈亏为0

207. ifelse PGR-fixed? ;*PGR-fixed?* 用来选择是所有人固定 *PGR* 还是要有异质性指标

208. ［set PGR Default-PGR］

209. ［set PGR precision(random-normal Default-PGR 0. 05)2 ;设置每个主体的 *PGR*,以 *Default-PGR* 为均值,0. 01 为方差做正态。*precision* 为小数点位数

210. ;防止概率大于 1 或者小于 0

211. if PGR ＞＝1［set PGR 1］

212. if PGR ＜＝0［set PGR 0. 1］

213.]

214.]

215. end

216.

217.　　to go

218.　　if ticks ＞ stages［stop］　;指定运行多少期

219.　　if ticks ＞ 0　;跳过第一期,此时还没有持仓。投资者根据最新的期
　　　　货价格来作出平仓决策

220.　　［rational-speculator-close

221.　　DE-speculator-close

222.　　rational-arbitrager-close

223.　　DE-arbitrager-close　　　］

224.　　;交易主体对信息的预估,作为判断依据

225.　　form-spotprice

226.　　form-carrycost

227.　　;交易主体的开仓操作

228.　　rational-speculator-open

229.　　DE-speculator-open

230.　　rational-arbitrager-open

231.　　DE-arbitrager-open

232.　　;市场结算

233.　　market-clearing

234.　　do-plots

235.　　tick

236.　　end

237.

238.　　to form-spotprice　　　　　　　　;现货价格的生成模拟

239.　　;模拟生成现货价格序列,下一期现货价格就是到期的期货价格(投
　　　　机者关注的信息)

240.　　set mean-log-next-spotprice　0.570814 + 0.928572 ＊　log-now-spot-
　　　　price　　;下一期对数现货价格的均值,服从 $AR(1)$ 过后才能

241.　　set noise-log-next-spotprice random-normal 0 var-log-next-spotprice　;根

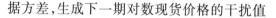

据方差,生成下一期对数现货价格的干扰值

242.　set log-next-spotprice mean-log-next-spotprice + noise-log-next-spotprice
　　　;根据均值和干扰值,生成下一期现货价格收益率的真实值

243.　; set mean-next-spotprice exp (mean-log-next-spotprice + (var-log-next-spotprice / 2));下一期现货价格的均值,后边投机者交易需要考虑的指标

244.　set mean-next-spotprice exp (mean-log-next-spotprice) 　;下一期现货价格的均值,后边投机者交易需要考虑的指标

245.　set var-noise-next-spotprice (exp (var-log-next-spotprice) - 1) * exp (2 * mean-log-next-spotprice + var-log-next-spotprice) 　;用对数正态分布方差公式,生成下一期现货价格的扰动项的方差,后边投机者的交易需要考虑下一期现货价格的方差

246.　set next-spotprice exp (log-next-spotprice) 　;把到期对数现货数值还原为下一期的现货价格真实值

247.　end

248.

249.　to form-carrycost 　;模拟生成套利者对现货持有成本的估计

250.　set mean-log-next-carrycost 3. 119269 + 0. 418432 * log-now-carrycost
　　　;下一期对数持有成本的均值,服从 $AR(1)$ 平稳过程

251.　; set var-log-next-carrycost 0. 022089 + (0. 977234 * (noise-log-now-carrycost ^ 2)) 　;下一期对数持有成本的方差,服从 $ARCH(1)$ 过程 (*garchlncarrycost*)

252.　set noise-log-next-carrycost random-normal 0 var-log-next-carrycost 　;根据方差,生成下一期对数持有成本的干扰值

253.　set log-next-carrycost mean-log-next-carrycost + noise-log-next-carrycost
　　　;根据均值和干扰值,生产下一期对数持有成本的真实值

254.　; set mean-next-carrycost exp (mean-log-next-carrycost + (var-log-next-carrycost / 2)) 　;根据对数正态分布均值公式,生成下一期持有成

本的均值

255. set mean-next-carrycost exp（mean-log-next-carrycost）　;生成下一期持有成本的均值

256. set var-noise-next-carrycost（exp（var-log-next-carrycost）- 1）* exp（2 * mean-log-next-carrycost + var-log-next-carrycost）　;用对数正态分布方差公式,生成下一期持有成本的扰动项的方差（扰动项对数收益率均值为 0）,后边套利者的交易需要考虑下一期持有成本的方差

257. set next-carrycost exp（log-next-carrycost）　;把下一期对持有成本还原为下一期的持有成本真实值

258. end

259.

260. to rational-speculator-open ;理性投机者开仓

261.　ask rational-speculators

262.　[

263. let error-range random-float 1　　;理性套利者获取信息的误差倍数

264. set var-information-noise error-range * var-noise-next-spotprice　; 令理性投机者个人获取信息的方差为真实到期现货价格的倍数

265. set spotprice-information random-normal mean-next-spotprice（var-noise-next-spotprice + var-information-noise）　;投机者实际获得到期现货价格的信息

266.　;计算最佳交易量

267. let x　spotprice-information - futuresprice

268. let y　risk-aversion *（var-noise-next-spotprice + var-information-noise）

269. set open-volume x / y

270.　;将本次开仓记录到持仓列表中,开仓价格记录到 *position-price*,开仓手数记录到 *position-volume*

271. set position-price sentence position-price futuresprice;记录开仓价格

272. set position-volume sentence position-volume open-volume ;其中的正负

表示持仓的方向,正表示买入开仓,负表示卖出开仓。绝对值表示开仓的手数

273.　]

274.　end

275.

276.　to DE-speculator-open　　　　　;处置效应投机者开仓

277.　ask DE-speculators

278.　[

279.　let error-range random-float 1　　;理性套利者获取信息的误差倍数

280.　set var-information-noise error-range ＊ var-noise-next-spotprice　;令理性投机者个人获取信息的方差为真实到期现货价格的倍数

281.　set spotprice-information random-normal mean-next-spotprice（var-noise-next-spotprice + var-information-noise）　;投机者实际获得到期现货价格的信息

282.　;计算最佳交易量

283.　let x　spotprice-information - futuresprice

284.　let y　risk-aversion ＊（var-noise-next-spotprice + var-information-noise）

285.　set open-volume x ／ y

286.　;将本次开仓记录到持仓列表中,开仓价格记录到 *position-price*,开仓手数记录到 *position-volume*

287.　set position-price sentence position-price futuresprice;记录开仓价格

288.　set position-volume sentence position-volume open-volume　;其中的正负表示持仓的方向,正表示买入开仓,负表示卖出开仓。绝对值表示开仓的手数

289.　]

290.　end

291.

292.　to rational-arbitrager-open　　;理性套利者的开仓

293.　ask rational-arbitragers

294.　[

295.　;理性套利者获取信息的误差倍数

296.　let error-range random-float arbitrager-error

297.　;令理性套利者个人获取信息的方差为真实到期现货价格的倍数

298.　set var-information-noise error-range ＊ var-noise-next-carrycost

299.　;套利者实际获得持有成本的信息,不需要进行锚定调整

300.　sct carrycost-information random-normal mean-next-carrycost (var-noise-next-carrycost + var-information-noise)

301.　; ========= 下面代码块用来计算套利者的最佳交易量,即 *trade-volume*

302.　let x carrycost-information + now-spotprice - futuresprice

303.　let y risk-aversion ＊ (var-noise-next-carrycost + var-information-noise)

304.　set open-volume x ／ y

305.　;将本次开仓记录到持仓列表中,开仓价格记录到 *position-price*,开仓手数记录到 *position-volume*

306.　set position-price sentence position-price futuresprice ;记录开仓价格

307.　set position-volume sentence position-volume open-volume 　;其中的正负表示持仓的方向,正表示买入开仓,负表示卖出开仓。绝对值表示开仓的手数

308.　]

309.　end

310.

311.　to DE-arbitrager-open 　　　　;处置效应套利者的开仓

312.　 ask DE-arbitragers

313.　[

314.　;锚定套利者获取信息的误差倍数

315.　let error-range random-float arbitrager-error

316.　　　;令锚定套利者个人获取信息的方差为真实到期现货价格的倍数

317.　　set var-information-noise error-range ＊ var-noise-next-carrycost

318.　　　;锚定套利者实际获得持有成本的信息,需要进行锚定调整

319.　　set carrycost-information random-normal mean-next-carrycost（var-noise-next-carrycost + var-information-noise）

320.　　;========= 下面代码块用来计算套利者的最佳交易量,即 *trade-volume*

321.　　let x carrycost-information + now-spotprice - futuresprice

322.　　let y risk-aversion ＊（var-noise-next-carrycost + var-information-noise）

323.　　set open-volume x / y

324.　　　;将本次开仓记录到持仓列表中,开仓价格记录到 *position-price*,开仓手数记录到 *position-volume*

325.　　set position-price sentence position-price futuresprice　　;记录开仓价格

326.　　set position-volume sentence position-volume open-volume ;其中的正负表示持仓的方向,正表示买入开仓,负表示卖出开仓。绝对值表示开仓的手数

327.　　]

328.　　end

329.　　to rational-speculator-close ;理性投机者平仓决策 *random-float* 1 *random-float* 1 *random-float* 1 *random-float* 1

330.　　ask rational-speculators

331.　　[

332.　　if empty? position-volume[stop] ;如果没有持仓,则不做平仓决策

333.　　let index 0　;*index* 用来记录 *position-price* 的指针位置

334.　　（foreach position-volume position-price

335.　　[[volume price] ->

336.　　if volume > 0　　;判断持仓方向,如果是买入开仓的情况,进行如下操作

337.　［

338.　if(futuresprice - price) > =0 ;如果账面盈利的情况下

339.　［

340.　if random-float 1 < PGR ;理性投机者平仓账面盈利和账面亏损的仓位的概率是相等的,如果平仓,则进行以下操作

341.　［set profit(futuresprice - price) * ABS volume 　;平仓且实现盈利

342.　set position-price remove-item index position-price 　;在持仓价格列表中删除已平仓的合约记录

343.　set position-volume remove-item index position-volume 　;在持仓手数列表中删除已平仓的合约记录

344.　set close-volume volume;记录平仓的交易量,方便后面计算期货价格和交易手数

345.　set index index - 1 ;由于代码最后要移动指针,所以这里删除了一项后,指针位置要不变

346.　］

347.　］

348.　if(futuresprice - price) < 0;如果账面亏损的情况下

349.　［

350.　if random-float 1 < PGR　;理性投机者平仓账面盈利和账面亏损的仓位的概率是相等的,如果平仓,则进行以下操作

351.　［set profit(futuresprice - price) * 　ABS volume;平仓且实现亏损

352.　set position-price remove-item index position-price ;在持仓价格列表中删除已平仓的合约记录

353.　set position-volume remove-item index position-volume 　;在持仓手数列表中删除已平仓的合约记录

354.

355.　set close-volume volume;记录平仓的交易量,方便后面计算期货价格和交易手数

356.

357.　　set index index - 1 ;由于代码最后要移动指针,所以这里删除了一项
后,指针位置要不变

358.　　]

359.　　]

360.　　]

361.　if volume < 0 　;判断持仓方向,如果是卖出开仓的情况,进行如下
操作

362.　[

363.　if(price - futuresprice) > =0 ;如果账面盈利的情况下

364.　[

365.　if random-float 1 < PGR ;理性投机者平仓账面盈利和账面亏损的仓
位的概率是相等的,如果平仓,则进行以下操作

366.　[set profit(price - futuresprice) * ABS volume 　;平仓且实现盈利

367.　set position-price remove-item index position-price 　;在持仓价格列表
中删除已平仓的合约记录

368.　set position-volume remove-item index position-volume 　;在持仓手数列
表中删除已平仓的合约记录

369.

370.　set close-volume volume ;记录平仓的交易量,方便后面计算期货价格
和交易手数

371.

372.　set index index - 1 　;由于代码最后要移动指针,所以这里删除了一
项后,指针位置要不变

373.　]

374.　]

375.　if(price - futuresprice) < 0 ;如果账面亏损的情况下

376.　[

377.　if random-float 1 ＜ PGR；理性投机者平仓账面盈利和账面亏损的仓
　　　　位的概率是相等的,如果平仓,则进行以下操作

378.　［set profit(price - futuresprice) ＊　ABS volume　；平仓且实现亏损

379.　set position-price remove-item index position-price；在持仓价格列表中
　　　　删除已平仓的合约记录

380.　set position-volume remove-item index position-volume　；在持仓手数列
　　　　表中删除已平仓的合约记录

381.　set close-volume volume　；记录平仓的交易量,方便后面计算期货价
　　　　格和交易手数

382.

383.　set index index - 1；由于代码最后要移动指针,所以这里删除了一项
　　　　后,指针位置要不变

384.　］

385.　］

386.　］

387.　set index index ＋1　；每次设置指针＋1

388.　］

389.　］

390.　end

391.

392.　to DE-speculator-close；处置效应投机者平仓决策

393.　 ask DE-speculators

394.　［

395.　if empty? position-volume［stop］；如果没有持仓,则不做平仓决策

396.　let index 0；*index* 用来记录 *position-price* 的指针位置

397.　(foreach position-volume position-price

398.　［［volume price］ -＞

399.　if volume ＞ 0　；判断持仓方向,如果是买入开仓的情况,进行如下

操作

400.　　[

401.　　if(futuresprice - price) > = 0 　　;如果账面盈利的情况下

402.　　[

403.　　if random-float 1 < PGR 　　　　;处置效应投机者实现盈利的概率为 *PGR*

404.　　[set profit(futuresprice - price) * ABS volume 　　;平仓且实现盈利

405.　　set position-price remove-item index position-price 　　;在持仓价格列表中删除已平仓的合约记录

406.　　set position-volume remove-item index position-volume 　　;在持仓手数列表中删除已平仓的合约记录

407.

408.　　set close-volume volume ;记录平仓的交易量,方便后面计算期货价格和交易手数

409.　　set index index - 1 　　;由于代码最后要移动指针,所以这里删除了一项后,指针位置要不变

410.　　]

411.　　]

412.　　if(futuresprice - price) < 0 ;如果账面亏损的情况下

413.　　[

414.　　if random-float 1 < (PGR - sp-DE-coefficient) ;处置效应投机者实现盈利的概率为(*PGR - sp-DE-coefficient*)

415.　　[set profit(futuresprice - price) * 　　ABS volume 　　;平仓且实现亏损

416.　　set position-price remove-item index position-price 　　;在持仓价格列表中删除已平仓的合约记录

417.　　set position-volume remove-item index position-volume 　　;在持仓手数列表中删除已平仓的合约记录

418.

419. set close-volume volume ;记录平仓的交易量,方便后面计算期货价格和交易手数

420. set index index - 1 ;由于代码最后要移动指针,所以这里删除了一项后,指针位置要不变

421.]

422.]

423.]

424. if volume < = 0   ;判断持仓方向,如果是卖出开仓的情况,进行如下操作

425. [

426. if(price - futuresprice) > = 0 ;如果账面盈利的情况下

427. [

428. if random-float 1 < PGR ;处置效应投机者实现盈利的概率为 *PGR*

429. [set profit(price - futuresprice) * ABS volume ;平仓且实现盈利

430. set position-price remove-item index position-price ;在持仓价格列表中删除已平仓的合约记录

431. set position-volume remove-item index position-volume   ;在持仓手数列表中删除已平仓的合约记录

432.

433. set close-volume volume ;记录平仓的交易量,方便后面计算期货价格和交易手数

434.

435. set index index - 1   ;由于代码最后要移动指针,所以这里删除了一项后,指针位置要不变

436.]

437.]

438. if(price - futuresprice) < 0 ;如果账面亏损的情况下

439. [

440.　　if random-float 1 ＜（PGR - sp-DE-coefficient）;处置效应投机者实现盈

　　　　利的概率为（*PGR - sp-DE-coefficient*）

441.　　［set profit（price - futuresprice）＊　　ABS volume　　;平仓且实现亏损

442.　　set position-price remove-item index position-price　　;在持仓价格列表

　　　　中删除已平仓的合约记录

443.　　set position-volume remove-item index position-volume　　;在持仓手数列

　　　　表中删除已平仓的合约记录

444.

445.　　set close-volume volume ;记录平仓的交易量,方便后面计算期货价格

　　　　和交易手数

446.

447.　　set index index - 1 ;由于代码最后要移动指针,所以这里删除了一项

　　　　后,指针位置要不变

448.　　］

449.　　］

450.　　］

451.　　set index index ＋1 ;每次设置指针 ＋1

452.　　］

453.　　］

454.　　end

455.

456.　　to rational-arbitrager-close ;理性套利者平仓决策

457.　　 ask rational-arbitragers

458.　　［

459.　　if empty? position-volume［stop］　　;如果没有持仓,则不做平仓决策

460.　　let index 0　　;*index* 用来记录 *position-price* 的指针位置

461.　　（foreach position-volume position-price

462.　　［［volume price］- ＞

463. if volume > 0   ;判断持仓方向,如果是买入开仓的情况,进行如下操作

464. [

465. if(futuresprice - price) > =0 ;如果账面盈利的情况下

466. [

467. if random-float 1 < PGR;理性套利者平仓账面盈利和账面亏损的仓位的概率是相等的,如果平仓,则进行以下操作

468. [set profit(futuresprice - price) * ABS volume   ;平仓且实现盈利

469. set position-price remove-item index position-price   ;在持仓价格列表中删除已平仓的合约记录

470. set position-volume remove-item index position-volume   ;在持仓手数列表中删除已平仓的合约记录

471.

472. set close-volume volume ;记录平仓的交易量,方便后面计算期货价格和交易手数

473.

474. set index index - 1 ;由于代码最后要移动指针,所以这里删除了一项后,指针位置要不变

475.]

476.]

477. if(futuresprice - price) < 0;如果账面亏损的情况下

478. [

479. if random-float 1 < PGR;理性套利者平仓账面盈利和账面亏损的仓位的概率是相等的,如果平仓,则进行以下操作

480. [set profit(futuresprice - price) *   ABS volume   ;平仓且实现亏损

481. set position-price remove-item index position-price   ;在持仓价格列表中删除已平仓的合约记录

482. set position-volume remove-item index position-volume   ;在持仓手数列

表中删除已平仓的合约记录

483.　set close-volume volume ;记录平仓的交易量,方便后面计算期货价格和交易手数

484.　set index index-1 ;由于代码最后要移动指针,所以这里删除了一项后,指针位置要不变

485.　]

486.　]

487.　]

488.　if volume < =0　;判断持仓方向,如果是卖出开仓的情况,进行如下操作

489.　[

490.　if(price - futuresprice) > =0 ;如果账面盈利的情况下

491.　[

492.　if random-float 1 < PGR ;理性套利者平仓账面盈利和账面亏损的仓位的概率是相等的,如果平仓,则进行以下操作

493.　[set profit(price - futuresprice) * ABS volume ;平仓且实现盈利

494.　set position-price remove-item index position-price　;在持仓价格列表中删除已平仓的合约记录

495.　set position-volume remove-item index position-volume　;在持仓手数列表中删除已平仓的合约记录

496.　set close-volume volume;记录平仓的交易量,方便后面计算期货价格和交易手数

497.

498.　set index index - 1 ;由于代码最后要移动指针,所以这里删除了一项后,指针位置要不变

499.　]

500.　]

501.　if(price - futuresprice) < 0 ;如果账面亏损的情况下

502. 　　[

503. 　　if random-float 1 ＜ PGR;理性套利者平仓账面盈利和账面亏损的仓位的概率是相等的,如果平仓,则进行以下操作

504. 　　[set profit(price-futuresprice) * 　ABS volume;平仓且实现亏损

505. 　　set position-price remove-item index position-price 　;在持仓价格列表中删除已平仓的合约记录

506. 　　set position-volume remove-item index position-volume 　;在持仓手数列表中删除已平仓的合约记录

507. 　　set close-volume volume;记录平仓的交易量,方便后面计算期货价格和交易手数

508. 　　set index index - 1 ;由于代码最后要移动指针,所以这里删除了一项后,指针位置要不变

509. 　　]

510. 　　]

511. 　　]

512. 　　set index index + 1 ;每次设置指针 + 1

513. 　　]

514. 　　]

515. 　　end

516.

517. 　　to DE-arbitrager-close;处置效应套利者平仓决策

518. 　　 ask DE-arbitragers

519. 　　[

520. 　　if empty? position-volume[stop] ;如果没有持仓,则不做平仓决策

521. 　　let index 0 　;*index* 用来记录 *position-price* 的指针位置

522. 　　(foreach position-volume position-price

523. 　　[[volume price] ->

524. 　　if volume ＞ 0 　;判断持仓方向,如果是买入开仓的情况,进行如

下操作

525. 〔

526. if(futuresprice - price) > = 0 ;如果账面盈利的情况下

527. 〔

528. if random-float 1 < PGR ;处置效应套利者实现盈利的概率为 *PGR*

529. 〔set profit(futuresprice - price) * ABS volume ;平仓且实现盈利

530. set position-price remove-item index position-price ;在持仓价格列表中删除已平仓的合约记录

531. set position-volume remove-item index position-volume ;在持仓手数列表中删除已平仓的合约记录

532.

533. set close-volume volume ;记录平仓的交易量,方便后面计算期货价格和交易手数

534.

535. set index index - 1 ;由于代码最后要移动指针,所以这里删除了一项后,指针位置要不变

536. 〕

537. 〕

538. if(futuresprice - price) < 0 ;如果账面亏损的情况下

539. 〔

540. if random-float 1 < (PGR - ar-DE-coefficient);处置效应套利者实现盈利的概率为(*PGR - sp-DE-coefficient*)

541. 〔set profit(futuresprice - price) * ABS volume ;平仓且实现亏损

542. set position-price remove-item index position-price ;在持仓价格列表中删除已平仓的合约记录

543. set position-volume remove-item index position-volume ;在持仓手数列表中删除已平仓的合约记录

544. set close-volume volume ;记录平仓的交易量,方便后面计算期货价格

和交易手数

545.

546. set index index - 1 ;由于代码最后要移动指针,所以这里删除了一项后,指针位置要不变

547.]

548.]

549.]

550. if volume < 0   ;判断持仓方向,如果是卖出开仓的情况,进行如下操作

551. [

552. if(price - futuresprice) > =0 ;如果账面盈利的情况下

553. [

554. if random-float 1 < PGR;处置效应套利者实现盈利的概率为 *PGR*

555. [set profit(price - futuresprice) * ABS volume   ;平仓且实现盈利

556. set position-price remove-item index position-price   ;在持仓价格列表中删除已平仓的合约记录

557. set position-volume remove-item index position-volume   ;在持仓手数列表中删除已平仓的合约记录

558. set close-volume volume ;记录平仓的交易量,方便后面计算期货价格和交易手数

559.

560. set index index - 1   ;由于代码最后要移动指针,所以这里删除了一项后,指针位置要不变

561.]

562.]

563. if(price - futuresprice) < 0 ;如果账面亏损的情况下

564. [

565. if random-float 1 < (PGR - ar-DE-coefficient) ;处置效应套利者实现盈

利的概率为（*PGR - sp-DE-coefficient*）

566.　[set profit(price - futuresprice) * 　ABS volume 　;平仓且实现亏损

567.　set position-price remove-item index position-price 　;在持仓价格列表中删除已平仓的合约记录

568.　set position-volume remove-item index position-volume 　;在持仓手数列表中删除已平仓的合约记录

569.

570.　set close-volume volume ;记录平仓的交易量,方便后面计算期货价格和交易手数

571.

572.　set index index - 1 ;由于代码最后要移动指针,所以这里删除了一项后,指针位置要不变

573.　]

574.　]

575.　]

576.　set index index + 1 　;每次设置指针 + 1

577.　])

578.　]

579.　end

580.

581.　to market-clearing 　;市场结算出清,最终报出新一期的 * 期货价格,现货价格,持有成本 *

582.　;信息时间往后递推,把当期值转化为上期值,得到新一期的现货价格及其他必要的市场信息

583.　set log-now-spotprice log-next-spotprice

584.　set var-log-now-spotprice var-log-next-spotprice

585.　set now-spotprice next-spotprice

586.　;信息时间往后递推,把当期值转化为上期值,得到新一期的持有成

本及其他必要的市场信息

587. set log-now-carrycost log-next-carrycost

588. set var-log-now-carrycost var-log-next-carrycost

589. set now-carrycost next-carrycost

590. ;计算四类投资者的总盈亏

591. set rational-arbitragers-profit   sum[profit] of rational-arbitragers

592. set rational-speculators-profit   sum[profit] of rational-speculators

593. set DE-arbitragers-profit   sum[profit] of DE-arbitragers

594. set DE-speculators-profit   sum[profit] of DE-speculators

595. ;计算四类投资者的平均盈亏

596. set rational-arbitragers-meanprofit   mean[profit] of rational-arbitragers

597. set rational-speculators-meanprofit   mean[profit] of rational-speculators

598. set DE-arbitragers-meanprofit   mean[profit] of DE-arbitragers

599. set DE-speculators-meanprofit   mean[profit] of DE-speculators

600. ;计算四类投资者的总交易手数

601. set total-rational-sp-trade   sum[ABS open-volume] of rational-specula-tors + sum[ABS close-volume] of rational-speculators

602. set total-rational-ar-trade   sum[ABS open-volume] of rational-arbitrag-ers + sum[ABS close-volume] of rational-arbitragers

603. set total-DE-sp-trade   sum[ABS open-volume] of DE-speculators + sum[ABS close-volume] of DE-speculators

604. set total-DE-ar-trade   sum[ABS open-volume] of DE-arbitragers + sum[ABS close-volume] of DE-arbitragers

605. ;计算四类投资者的净交易手数

606. set net-rational-sp-trade   sum[open-volume] of rational-speculators + sum[close-volume] of rational-speculators

607. set net-rational-ar-trade   sum[open-volume] of rational-arbitragers + sum[close-volume] of rational-arbitragers

608. set net-DE-sp-trade   sum［open-volume］of DE-speculators + sum ［close-volume］of DE-speculators

609. set net-DE-ar-trade   sum［open-volume］of DE-arbitragers + sum ［close-volume］of DE-arbitragers

610. ;计算总交易量和净交易量,用于形成期货价格,交易量包含了开仓 *open-volume* 和平仓的 *close-volume*

611. set total-trade-volume total-rational-sp-trade + total-rational-ar-trade + to-tal-DE-sp-trade + total-DE-ar-trade

612. set net-trade-volume net-rational-sp-trade + net-rational-ar-trade + net-DE-sp-trade + net-DE-ar-trade

613. ;计算出新一期的期货价格

614. ifelse total-trade-volume = 0   ;如果没有市场交易,则期货价格不变

615. ［set futuresprice futuresprice］

616. ［let w net-trade-volume / total-trade-volume   ;如果有市场交易, 则价格变动,价格变动与净头寸的方向有关

617. set futuresprice futuresprice ＊(exp(market-liquidity ＊w)) ］

618. end

619.

620. to do-plots

621. set-current-plot "Spotprice & Futuresprice"

622. set-current-plot-pen "spotprice"

623. plot now-spotprice

624. set-current-plot-pen "futuresprice"

625. plot futuresprice

626. set-current-plot "carrycost"

627. set-current-plot-pen "carrycost"

628. plot now-carrycost

629. set-current-plot "Trade Volume"

630.　　set-current-plot-pen " Total Volume"

631.　　plot total-trade-volume

632.　　set-current-plot-pen " Net Volume"

633.　　plot net-trade-volume

634.　　set-current-plot " Profit"

635.　　set-current-plot-pen " rational-speculators-profit"

636.　　plot rational-speculators-profit

637.　　set-current-plot-pen " rational-arbitragers-profit"

638.　　plot rational-arbitragers-profit

639.　　set-current-plot-pen " DE-speculators-profit"

640.　　plot DE-speculators-profit

641.　　set-current-plot-pen " DE-arbitragers-profit"

642.　　plot DE-arbitragers-profit

643.　　set-current-plot " Hands"

644.　　set-current-plot-pen " rational-sp-volume"

645.　　plot total-rational-sp-trade

646.　　set-current-plot-pen " rational-ar-volume"

647.　　plot total-rational-ar-trade

648.　　set-current-plot-pen " DE-sp-volume"

649.　　plot total-DE-sp-trade

650.　　set-current-plot-pen " DE-ar-volume"

651.　　plot total-DE-ar-trade

652.　end

附录 C 羊群效应多主体模型的 NetLogo 代码

1. breed[rational-speculators rational-speculator]
2. breed[rational-arbitragers rational-arbitrager]
3. breed[sp-herdbehaviors sp-herdbehavior]
4. breed[ar-herdbehaviors ar-herdbehavior]
5.
6. globals
7. [
8. time
9. num-ration-speculator
10. num-sp-herdbehavior
11. total-speculator-number   ;投机者在市场中的总人数
12. num-ration-arbitrager
13. num-ar-herdbehavior
14. num-herdbehavior   ;实际产生在所有的羊群效应交易者的人数
15. total-arbitrager-number   ;套利者在市场中的总人数
16. futureprice   ;期货价格
17. now-spotprice   ;现期现货价格

18. var-noise-now-spotprice   ;现货价格随机扰动项的方差

19. noise-now-spotprice   ;当期现货价格的随机干扰值

20. noise-log-now-spotprice   ;当期现货价格对数收益率的随机干扰项

21. log-now-spotprice   ;当期现货价格对数收益率的均值

22. var-log-now-spotprice   ;当期现货价格对数收益率的方差

23. log-next-spotprice   ;到期现货价格的对数收益率

24. mean-log-next-spotprice   ;到期现货价格的对数收益率均值

25. var-log-next-spotprice   ;到期现货价格的对数收益率方差

26. noise-log-next-spotprice ;到期现货价格的对数收益率扰动值

27. next-spotprice   ;下一期到期现货价格

28. mean-next-spotprice   ;下一期到期现货价格均值

29. var-noise-next-spotprice   ;下一期到期现货价格方差

30. noise-next-spotprice   ;下一期到期现货价格的扰动值

31. now-carrycost   ;当期持有成本

32. next-carrycost   ;下一期持有成本

33. var-noise-next-carrycost ;下一期持有成本的方差

34. log-now-carrycost   ;当期对数持有成本

35. var-log-now-carrycost   ;当期对数持有成本的方差

36. noise-log-now-carrycost   ;当期对数持有成本的干扰项

37. log-next-carrycost   ;下一期对数持有成本

38. mean-log-next-carrycost ;下一期对数持有成本的均值

39. var-log-next-carrycost   ;下一期对数持有成本的方差

40. noise-log-next-carrycost ;下一期对数持有成本的干扰项

41. mean-next-carrycost   ;下一期持有成本的均值

42. sp-followers-ration

43. sp-followers-herd

44. sp-num-followers

45. ar-followers-ration

46.　　ar-followers-herd

47.　　ar-num-followers

48.　　total-rationalsp-trade　　　　;理性投机者的总合约交易量

49.　　total-rationalar-trade　　　　;理性套利者的总合约交易量

50.　　total-spherdbehavior-trade　;羊群效应投机者的总合约交易量

51.　　total-arherdbehavior-trade　;羊群效应套利者的总合约交易量

52.　　total-trade-volume　　　　　;市场总合约交易量

53.　　net-trade-volume　　　　　　;市场合约净交易量

54.　　market-liquidity　　　　　　;市场流动性调节参数

55.　　sp-herdbehavior-number　　　;羊群效应投机者的数量

56.　　ar-herdbehavior-number　　　;羊群效应套利者的数量

57.　　sp-herdbehavior-degree　　　;投机者羊群效应程度指标

58.　　ar-herdbehavior-degree　　　;套利者羊群效应程度指标

59.　　herdbehavior-degree　　　　　;羊群效应程度指标

60.　　]

61.

62.　　rational-speculators-own

63.　　[

64.　　sp-information　　　　　;理性投机者获得的实际信息

65.　　sp-information-noise　　;理性投机者获得信息的干扰

66.　　var-sp-information-noise　;投机者获得的信息干扰的方差

67.　　rational-sp-risk-aversion　;理性投机者的风险厌恶系数

68.　　rational-sp-trade-volume　;理性投机者的交易量

69.　　]

70.

71.　　rational-arbitragers-own

72.　　[

73.　　ar-information　　　　　;理性套利者获得的实际信息

201

74. ar-information-noise   ;理性套利者获得信息的干扰
75. var-ar-information-noise   ;理性套利者获得信息干扰项的方差
76. rational-ar-risk-aversion   ;理性套利者的风险厌恶系数
77. rational-ar-trade-volume   ;理性套利者的交易量
78.]
79.
80. sp-herdbehaviors-own
81. [
82. sp-information   ;羊群效应投机者获得的实际信息
83. sp-information-noise   ;羊群效应投机者获得信息的干扰项
84. var-sp-information-noise   ;羊群效应投机者获得信息的干扰项的方差
85. herdbehavior-sp-risk-aversion   ;羊群效应投机者的风险厌恶系数
86. sp-followers   ;羊群效应投机者的模仿群体
87. sp-followers-message-set   ;羊群效应投机者模仿群体的信息集
88. sp-expectation-mean-price   ;羊群效应投机者获得群体信息后对期
     货价格的判断
89. sp-expectation-var-price   ;羊群效应投机者获得群体信息后对期货
     价格方差(风险)的判断
90. herdbehavior-sp-trade-volume   ;羊群效应投机者的交易量
91.]
92.
93. ar-herdbehaviors-own
94. [
95. ar-information   ;羊群效应套利者获得的实际信息
96. ar-information-noise   ;羊群效应套利者获得信息的干扰项
97. var-ar-information-noise   ;羊群效应套利者获得信息的干扰项的
     方差
98. herdbehavior-ar-risk-aversion   ;羊群效应套利者的风险厌恶系数

```
99.    ar-followers                    ;羊群效应套利者的模仿群体

100.   ar-followers-message-set        ;羊群效应套利者模仿群体的信
       息集

101.   ar-expectation-mean-carrycost   ;羊群效应套利者获得群体信息后
       对期货价格的判断

102.   ar-expectation-var-carrycost    ;羊群行为套利者获得群体信息后
       对期货价格方差(风险)的判断

103.   herdbehavior-ar-trade-volume      ;羊群效应套利者的交易量

104.   herdbehavior-ar-wealth

105.   ]

106.

107.    to create-agents            ;设定不同类型交易者的颜色,初始都为黑
       色。交易后,如果是羊群效应投机者,变为黄色,如果是羊群效应套
       利者,变为红色,以此直观看市场上羊群效应的程度

108.   set-default-shape turtles " sheep"

109.   create-rational-speculators num-ration-speculator

110.   [    set color black

111.   set size 0. 5

112.   setxy random-xcor random-ycor

113.   set rational-sp-risk-aversion 1

114.   ]

115.    create-rational-arbitragers num-ration-arbitrager

116.   [    set color black

117.   set size 0. 5

118.   setxy random-xcor random-ycor

119.   set rational-ar-risk-aversion 1

120.   ]

121.    create-sp-herdbehaviors num-sp-herdbehavior
```

```
122.    [    set color black
123.    set size 0. 5
124.    setxy random-xcor random-ycor
125.    set herdbehavior-sp-risk-aversion 1
126.    ]
127.    create-ar-herdbehaviors num-ar-herdbehavior
128.    [    set color black
129.    set size 0. 5
130.    setxy random-xcor random-ycor
131.    set herdbehavior-ar-risk-aversion 1
132.    ]
133.    end
134.
135.    to setup
136.    __clear-all-and-reset-ticks
137.    set time 0
138.    set num-ration-speculator 1000
139.    set num-sp-herdbehavior 1000
140.    set num-ration-arbitrager 1000
141.    set num-ar-herdbehavior 1000
142.    create-agents
143.    end
144.
145.    to get-information                ;交易者获得信息的模拟
146.    ;模拟生成现货价格序列,下一期现货价格就是到期的期货价格(投
        机者关注的信息)
147.    set mean-log-next-spotprice    0. 570814 + 0. 928572    *    log-now-spot-
        price        ;下一期对数现货价格的均值,服从 $AR(1)$ 过程
```

148.　set noise-log-next-spotprice random-normal 0 var-log-next-spotprice ;根据方差,生成下一期对数现货价格的干扰值

149.　set log-next-spotprice mean-log-next-spotprice + noise-log-next-spotprice ;根据均值和干扰值,生成下一期现货价格收益率的真实值

150.　set mean-next-spotprice exp (mean-log-next-spotprice + (var-log-next-spotprice ／ 2)) ;下一期现货价格的均值,后边投机者交易需要考虑的指标

151.　set var-noise-next-spotprice (exp (var-log-next-spotprice) - 1) * exp (2 * mean-log-next-spotprice + var-log-next-spotprice) ;用对数正态分布方差公式,生成下一期现货价格的扰动项的方差,后边投机者的交易需要考虑下一期现货价格的方差

152.　set next-spotprice　exp (log-next-spotprice) ;把到期对数现货数值还原为下一期的现货价格真实值

153.　set mean-log-next-carrycost　3. 119269 + 0. 418432 *　log-now-carry-cost　　　;下一期对数持有成本的均值,服从 $AR(1)$ 平稳过程

154.　set noise-log-next-carrycost random-normal 0 var-log-next-carrycost ;根据方差,生成下一期对数持有成本的干扰值

155.　set log-next-carrycost mean-log-next-carrycost + noise-log-next-carrycost ;根据均值和干扰值,生产下一期对数持有成本的真实值

156.　set mean-next-carrycost exp (mean-log-next-carrycost + (var-log-next-carrycost ／ 2)) ;根据对数正态分布均值公式,生成下一期持有成本的均值

157.　set var-noise-next-carrycost (exp (var-log-next-carrycost) - 1) * exp (2 * mean-log-next-carrycost + var-log-next-carrycost) 　;用对数正态分布方差公式,生成下一期持有成本的扰动项的方差(扰动项对数收益率均值为0),后边套利者的交易需要考虑下一期持有成本的方差

158.　set next-carrycost exp (log-next-carrycost) ;把下一期对持有成本还原为下一期的持有成本真实值

159.　　ask rational-speculators

160.　　[

161.　　let error-range random-float 1　　;理性投机者获取信息的误差倍数,小于羊群效应投机者

162.　　set var-sp-information-noise error-range ＊ var-noise-next-spotprice　　;令理性投机者个人获取信息的方差为真实到期现货价格的倍数

163.　　set sp-information random-normal mean-next-spotprice（var-noise-next-spotprice + var-sp-information-noise）　　;投机者实际获得到期现货价格的信息

164.　　]

165.

166.　　ask rational-arbitragers

167.　　[

168.　　let error-range random-float 1　　;理性套利者获取信息的误差倍数

169.　　set var-ar-information-noise error-range ＊ var-noise-next-carrycost　　;令理性套利者个人获取信息的方差为真实到期现货价格的倍数

170.　　set ar-information random-normal mean-next-carrycost（var-noise-next-carrycost + var-ar-information-noise）　　;套利者实际获得持有成本的信息

171.　　]

172.　　ask sp-herdbehaviors

173.　　[

174.　　let error2-range random-float 2

175.　　set var-sp-information-noise（9 + error2-range）＊ var-noise-next-spotprice　　;令羊群效应投机者个人获取信息的方差为真实到期现货价格的倍数,比起理性投机者误差要大,是 10 倍左右,误差倍数在 9-11 区间随机取值

176.　　set sp-information random-normal mean-next-spotprice（var-noise-next-

spotprice + var-sp-information-noise) ;羊群效应投机者实际获得的到
期现货价格的信息

177.   ]

178.   ask ar-herdbehaviors

179.   [

180.   let error2-range random-float 2

181.   set var-ar-information-noise(9 + error2-range)＊var-noise-next-carrycost
;令羊群效应套利者个人获取信息的方差为真实到期现货价格的
倍数,比起理性投机者误差要大,是 10 倍左右,误差倍数在9-11 区
间随机取值

182.   set ar-information random-normal mean-next-carrycost(var-noise-next-
carrycost + var-ar-information-noise) ;羊群效应套利者者实际获得
的持有成本的信息

183.   ]

184.   end

185.

186.   to rational-speculator-trade

187.   ifelse num-ration-speculator = 0 ;如果市场上不存在理性投机
者,则交易量为0

188.   [set total-rationalsp-trade 0]

189.   [;如果存在,则按照理性交易策略交易

190.   ask rational-speculators

191.   [

192.   let Ais(rational-sp-risk-aversion ＊ var-sp-information-noise ＊ var-noise-
next-spotprice)/(var-noise-next-spotprice + var-sp-information-noise)

193.   let Bis var-noise-next-spotprice /(var-noise-next-spotprice + var-sp-
information-noise)

194.   set rational-sp-trade-volume(Ais ^ -1)＊(mean-next-spotprice - future-

price + Bis ＊(sp-information - mean-next-spotprice))

195.　]

196.　　set total-rationalsp-trade sum[rational-sp-trade-volume] of rational-spec-

ulators

197.　]

198.　　end

199.

200.　　to sp-herdbehavior-trade

201.　ifelse num-sp-herdbehavior = 0

202.　;如果市场上不存在羊群效应投机者,则该群体的交易量为0,羊群

效应投机者程度为0

203.　[set total-spherdbehavior-trade 0

204.　set sp-herdbehavior-degree 0]

205.　[

206.　;如果存在羊群效应投机者,则他会参考其他群体信息进行交易,如

果找不到其他投机者模仿,则不交易

207.　ask sp-herdbehaviors

208.　[

209.　ifelse follow-herdbehavior　　　　　　;即模仿理性交易者也模仿其他羊

群效应交易者的信息

210.　[

211.　　set sp-followers-ration rational-speculators in-radius sp-scope　　　　;依

据视野大小找模仿群体(看到的投机者)

212.　　set sp-followers-herd sp-herdbehaviors in-radius sp-scope

;依据视野大小看到的羊群效应投机者

213.　　set sp-num-followers(count sp-followers-ration)＋(count sp-followers-

herd)　　;看到的模仿群体的数量

214.　]

215.　　[

216.　　;如果只模仿理性交易者,不模仿羊群效应者的情况

217.　　set sp-followers-ration rational-speculators in-radius sp-scope　　;依据视野大小找模仿群体

218.　　set sp-followers-herd self
　　　　;也会考虑自己获得的信息

219.　　set sp-num-followers (count sp-followers-ration) + 1
　　　　;参考信息的群体的数量

220.　　]

221.　ifelse sp-num-followers > = 2　　　　　　;判断羊群效应者周围是否有其他人

222.　　[

223.　　let sp-followers-message-set-ration〔sp-information〕of sp-followers-ration

224.　　let sp-followers-message-set-herd〔sp-information〕of sp-followers-herd

225.　　set sp-followers-message-set　　sentence sp-followers-message-set-ration sp-followers-message-set-herd　　;把两个信息集列表合成一个信息集列表

226.　　set sp-expectation-mean-price mean sp-followers-message-set
　　　　;对信息的判断为参考信息群体的信息的均值

227.　　set sp-expectation-var-price variance sp-followers-message-set
　　　;对投资风险的判断为参考信息的方差

228.　　set herdbehavior-sp-trade-volume (sp-expectation-mean-price -futureprice) / (herdbehavior-sp-risk-aversion * sp-expectation-var-price)　　;羊群效应投机者的交易

229.　　ifelse　(herdbehavior-sp-trade-volume * (sp-information -futureprice)) < 0　　　;判断是否交易方向和获得信息是相反的,即是否是羊群效应者

230.　　[set color yellow]　　　　　　　　　;如果有羊群效应现象,颜色设为

黄色

231.　　［set color black］

232.　　］

233.　　［set sp-followers-message-set 0

234.　　set herdbehavior-sp-trade-volume 0］　　　　;如果找不到其他模仿的
　　　　交易者,则交易量为0

235.　　］

236.　　set total-sphcrdbchavior-trade sum［herdbehavior-sp-trade-volume］of sp-
　　　　herdbehaviors　　　　;计算所有羊群效应投机者的交易数量

237.　　set sp-herdbehavior-number count sp-herdbehaviors with［sp-followers-
　　　　message-set ！ = 0 and（herdbehavior-sp-trade-volume ＊（sp-information
　　　　-futureprice））< 0］　　　　;计算具有羊群效应显现的羊群效应投机者
　　　　的数量

238.　　set sp-herdbehavior-degree sp-herdbehavior-number ／ num-sp-herdbe-
　　　　havior　　　　　　　　;计算羊群效应投机者中具有羊群效应的
　　　　比例

239.　　］

240.　　end

241.

242.　　to rational-arbitrager-trade

243.　　ifelse num-ration-arbitrager = 0

244.　　［set total-rationalar-trade 0］

245.　　［

246.　　ask rational-arbitragers

247.　　［

248.　　let Aia（rational-ar-risk-aversion ＊ var-ar-information-noise ＊ var-noise-
　　　　next-carrycost）/（var-noise-next-carrycost + var-ar-information-noise）

249.　　let Bia var-noise-next-carrycost ／（var-noise-next-carrycost + var-ar-information-noise)

250.   set rational-ar-trade-volume (Aia ^ -1) * (mean-next-carrycost + now-spotprice -futureprice + Bia * (ar-information -mean-next-carrycost))

251.   ]

252.   set total-rationalar-trade sum [rational-ar-trade-volume] of rational-arbitragers

253.   ]

254.   end

255.

256.   to ar-herdbehavior-trade

257.   ifelse num-ar-herdbehavior = 0

258.   [set total-arherdbehavior-trade 0

259.   set ar-herdbehavior-degree 0]

260.   [

261.

262.   ask ar-herdbehaviors

263.   [

264.   ifelse follow-herdbehavior

265.   [

266.   set ar-followers-ration rational-arbitragers in-radius ar-scope

267.   set ar-followers-herd ar-herdbehaviors in-radius ar-scope

268.   set ar-num-followers (count ar-followers-ration) + (count ar-followers-herd)

269.   ]

270.   [

271.   set ar-followers-ration rational-arbitragers in-radius ar-scope

272.   set ar-followers-herd self

273.   set ar-num-followers(count ar-followers-ration) + 1

274.　　]

275.　　ifelse ar-num-followers > =2

276.　　[

277.　　　let ar-followers-message-set-ration[ar-information] of ar-followers-ration

278.　　　let ar-followers-message-set-herd[ar-information] of ar-followers-herd

279.　　　set ar-followers-message-set　　sentence ar-followers-message-set-ration ar-followers-message-set-herd　　;把两个信息集列表合成一个信息集列表

280.　　set ar-expectation-mean-carrycost mean ar-followers-message-set

281.　　set ar-expectation-var-carrycost variance ar-followers-message-set

282.　　set herdbehavior-ar-trade-volume (now-spotprice + ar-expectation-mean-carrycost -futureprice)/(herdbehavior-ar-risk-aversion ＊ ar-expectation-var-carrycost)

283.　　ifelse (herdbehavior-ar-trade-volume ＊ (now-spotprice + ar-information -futureprice)) < 0

284.　　[set color red]

285.　　[set color black]

286.　　]

287.　　[set ar-followers-message-set 0

288.　　set herdbehavior-ar-trade-volume 0]

289.　　]

290.　　set total-arherdbehavior-trade sum[herdbehavior-ar-trade-volume] of ar-herdbehaviors

291.　　set ar-herdbehavior-number count ar-herdbehaviors with [ar-followers-message-set ！ = 0 and　　(herdbehavior-ar-trade-volume ＊ (now-spotprice + ar-information -futureprice)) < 0]

292.　　set ar-herdbehavior-degree ar-herdbehavior-number / num-ar-herdbehavior

293.　　]

294.　　end

295.

296.　　to futureprice-formation 　　;模拟价格形成的均衡过程

297.　　set market-liquidity 0. 03

298.　　set net-trade-volume total-rationalsp-trade + total-rationalar-trade + total-spherdbehavior-trade + total-arherdbehavior-trade 　　　　　　　　;净交易头寸,决定了价格波动的方向

299.　　set total-trade-volume（abs total-rationalsp-trade）+（abs total-rationalar-trade）+（abs total-spherdbehavior-trade）+（abs total-arherdbehavior-trade） 　　;总交易头寸

300.　　ifelse total-trade-volume = 0 　　　　;如果没有市场交易,则期货价格不变

301.　　[set futureprice futureprice]

302.　　[let w net-trade-volume / total-trade-volume 　　　　;如果有市场交易,则价格变动,价格变动与净头寸的方向有关

303.　　set futureprice futureprice * （ exp（ market-liquidity * w ） ）]

304.　　stop

305.　　end

306.　　to do-plots

307.　　set-current-plot " futureprice"

308.　　set-current-plot-pen " futureprice"

309.　　plot futureprice

310.　　set-current-plot " spotprice"

311.　　set-current-plot-pen " spotprice"

312.　　plot now-spotprice

313.　　set-current-plot " carrycost"

314.　　set-current-plot-pen " carrycost"

315.　　plot now-carrycost

```
316.   set-current-plot "herdbehavior degree"
317.   set-current-plot-pen "herdbehavior degree"
318.   plot herdbehavior-degree
319.   set-current-plot-pen "sp herdbehavior degree"
320.   plot sp-herdbehavior-degree
321.   set-current-plot-pen "ar herdbehavior degree"
322.   plot ar-herdbehavior-degree
323.   set-current-plot "price&herdbehavior"
324.   set-current-plot-pen "futureprice"
325.   plot futureprice
326.   set-current-plot-pen "spotprice"
327.   plot now-spotprice
328.   set-current-plot-pen "carrycost"
329.   plot   now-carrycost
330.   set-current-plot-pen "herdbehavior degree"
331.   plot   herdbehavior-degree
332.   set-current-plot-pen "sp herd degree"
333.   plot   sp-herdbehavior-degree
334.   set-current-plot-pen "ar herd degree"
335.   plot   ar-herdbehavior-degree
336.   set-current-plot-pen "herdbehavior number"
337.   plot   num-herdbehavior
338.   end
339.
340.  to go
341.   set log-now-spotprice 7. 917230 ;用 Lnsis 序列第一个数值作为初始值
342.   set var-log-next-spotprice 0. 195481 ^ 2 ;用 lnsis 序列的方差作为对数
       现货价格的干扰项的方差
```

343.　　set now-spotprice 2744. 16 ;用沪深300指数2010年6月1日的指数作为现货的初始价格

344.　　set log-now-carrycost 5. 405129 ;用 *Lncarrycost* 序列第一个对数持有成本作为初始值

345.　　set var-log-next-carrycost 0. 259206 ^ 2;用 *lncarrycost* 序列的方差作为干扰项的方差

346.　　set now-carrycost 222. 5449 ;用 *carrycost* 序列第一个持有成本作为持有成本的初始价格

347.　　set futureprice 2779. 2 ;用沪深300指数期货合约2010年6月1日的价格作为期货的初始价格

348.　　while[ticks ＜ ＝2000]

349.　　[

350.　　get-information

351.　　rational-speculator-trade

352.　　sp-herdbehavior-trade

353.　　rational-arbitrager-trade

354.　　ar-herdbehavior-trade

355.　　set num-herdbehavior　sp-herdbehavior-number + ar-herdbehavior-number　;计算市场中存在的实际发生的羊群效应交易者总人数

356.　　ifelse num-herdbehavior ＝0

357.　　[set herdbehavior-degree 0]

358.　　[set herdbehavior-degree num-herdbehavior ／(num-sp-herdbehavior + num-ar-herdbehavior)]

359.　　futureprice-formation

360.　　do-plots

361.　　tick

362.　　set log-now-spotprice log-next-spotprice ;信息时间往后递推,把当期值转化为上期值

363.　set var-log-now-spotprice var-log-next-spotprice

364.　set noise-log-now-spotprice noise-log-next-spotprice

365.　set now-spotprice next-spotprice

366.　set log-now-carrycost log-next-carrycost ;信息时间往后递推,把当期值转化为上期值

367.　set var-log-now-carrycost var-log-next-carrycost

368.　set noise-log-now-carrycost noise-log-next-carrycost

369.　set now-carrycost next-carrycost

370.　]

371.　 stop

372.　end

373.

374.　 to error-diffuse

375.　 set log-now-spotprice 7. 917230 ;用 *Lnsis* 序列第一个数值作为初始值

376.　 set var-log-next-spotprice 0. 195481 ^ 2 ;用 *lnsis* 序列的方差作为对数现货价格的干扰项的方差

377.　 set now-spotprice 2744. 16 ;用沪深 300 指数 2010 年 6 月 1 日的指数作为现货的初始价格

378.　 set log-now-carrycost 5. 405129 ;用 *Lncarrycost* 序列第一个对数持有成本作为初始值

379.　 set var-log-next-carrycost 0. 259206 ^ 2 ;用 *lncarrycost* 序列的方差作为干扰项的方差

380.　 set now-carrycost 222. 5449　 ;用 *carrycost* 序列第一个持有成本作为持有成本的初始价格

381.　 set futureprice 2779. 2 ;用沪深 300 指数期货合约 2010 年 6 月 1 日的价格作为期货的初始价格

382.　 while[ticks ＜ ＝3000]

383.　 [

384. ；模拟生成现货价格序列,下一期现货价格就是到期的期货价格(投机者关注的信息)

385. set mean-log-next-spotprice 0.570814 + 0.928572 * log-now-spot-price ；下一期对数现货价格的均值,服从 $AR(1)$ 过程

386. set noise-log-next-spotprice random-normal 0 var-log-next-spotprice ；根据方差,生成下一期对数现货价格的干扰值

387. set log-next-spotprice mean-log-next-spotprice + noise-log-next-spotprice ；根据均值和干扰值,生成下一期现货价格收益率的真实值

388. set mean-next-spotprice exp(mean-log-next-spotprice + (var-log-next-spotprice / 2));下一期现货价格的均值,后边投机者交易需要考虑的指标

389. set var-noise-next-spotprice(exp(var-log-next-spotprice)-1) * exp(2 * mean-log-next-spotprice + var-log-next-spotprice);用对数正态分布方差公式,生成下一期现货价格的扰动项的方差,后边投机者的交易需要考虑下一期现货价格的方差

390. set next-spotprice exp(log-next-spotprice);把到期对数现货数值还原为下一期的现货价格真实值

391. set mean-log-next-carrycost 3.119269 + 0.418432 * log-now-carry-cost ；下一期对数持有成本的均值,服从 $AR(1)$ 平稳过程

392. set noise-log-next-carrycost random-normal 0 var-log-next-carrycost ；根据方差,生成下一期对数持有成本的干扰值

393. set log-next-carrycost mean-log-next-carrycost + noise-log-NetLcarrycost ；根据均值和干扰值,生产下一期对数持有成本的真实值

394. set mean-next-carrycost exp(mean-log-next-carrycost + (var-log-next-carrycost / 2)) ；根据对数正态分布均值公式,生成下一期持有成本的均值

395. set var-noise-next-carrycost(exp(var-log-next-carrycost)-1) * exp(2 * mean-log-next-carrycost + var-log-next-carrycost) ；用对数正态分布方

差公式,生成下一期持有成本的扰动项的方差(扰动项对数收益率均值为0),后边套利者的交易需要考虑下一期持有成本的方差

396.　　set next-carrycost exp(log-next-carrycost);把下一期对持有成本还原为下一期的持有成本真实值

397.　　ask rational-speculators

398.　　[

399.　　set color black

400.　　let error-range random-float 1　;理性投机者获取信息的误差倍数,小于羊群效应投机者

401.　　set var-sp-information-noise error-range * var-noise-next-spotprice　;令理性投机者个人获取信息的方差为真实到期现货价格的倍数

402.　　set sp-information random-normal mean-next-spotprice　(var-noise-next-spotprice + var-sp-information-noise)

403.　　]

404.　　if ticks > 1000　;1000期后开始引入噪声交易者

405.　　[

406.　　if noise-trader　;判断是否需要引入噪声交易者

407.　　[

408.　　if num-ration-speculator ! = 0

409.　　[

410.　　let num　0.2 * num-ration-speculator　;令噪音投机交易者人数为理性投机者人数的1/5

411.　　ask n-of num rational-speculators　;从理性投机者中选取200个作为噪声交易者,他们获取的信息存在系统性偏差

412.　　[set color green

413.　　let error-range random-float 1　;理性投机者获取信息的误差倍数,小于羊群效应投机者

414.　　set var-sp-information-noise error-range * var-noise-next-spotprice　;令

理性投机者个人获取信息的方差为真实到期现货价格的倍数

415. 　set sp-information random-normal（mean-next-spotprice + 10 ＊（var-noise-next-spotprice ^ 0. 5 ））（var-noise-next-spotprice + var-sp-information-noise）

416. 　]

417. 　]

418. 　]

419. 　]

420. 　ask rational-arbitragers

421. 　[

422. 　set color black

423. 　let error-range random-float 1　　;理性套利者获取信息的误差倍数

424. 　set var-ar-information-noise error-range ＊ var-noise-next-carrycost　　;令理性套利者个人获取信息的方差为真实到期现货价格的倍数

425. 　set ar-information random-normal mean-next-carrycost　（var-noise-next-carrycost + var-ar-information-noise）　;套利者实际获得持有成本的信息。获得的信息存在系统性误差,获取信息的均值为真实持有成本均值加上 2 个持有成本标准差

426. 　]

427. if ticks ＞ 1000　　;1000 期后开始引入噪声交易者

428. 　[

429. if noise-trader　;判断是否需要引入噪声交易者

430. 　[

431. if num-ration-arbitrager ! ＝0

432. 　[

433. let num　0. 2 ＊ num-ration-arbitrager　　;令噪音交易套利者人数为理性投机者人数的1/5

434. ask n-of num rational-arbitragers　　　　;从理性投机者中选取 200 个

作为噪声交易者,他们获取的信息存在系统性偏差

435. [set color blue

436. let error-range random-float 1   ;理性套利者获取信息的误差倍数

437. set var-ar-information-noise error-range ＊ var-noise-next-carrycost   ;令
理性套利者个人获取信息的方差为真实到期现货价格的倍数

438. set ar-information random-normal (mean-next-carrycost -10 ＊ (var-noise-
next-carrycost ^ 0. 5))   (var-noise-next-carrycost + var-ar-information-
noise)   ;套利者实际获得持有成本的信息。获得的信息存在系统
性误差,获取信息的均值为真实持有成本均值加上 2 个持有成本标
准差

439.]

440.]

441.]

442.]

443.   ask sp-herdbehaviors

444.   [

445.   let error2-range random-float 2

446.   set var-sp-information-noise (9 + error2-range) ＊ var-noise-next-spotprice
;令羊群效应投机者个人获取信息的方差为真实到期现货价格的
倍数,比起理性投机者误差要大,是 10 倍左右,误差倍数在 9-11 区
间随机取值

447.   set sp-information random-normal mean-next-spotprice (var-noise-next-
spotprice + var-sp-information-noise)

448.   ]

449.   ask ar-herdbehaviors

450.   [

451.   let error2-range random-float 2

452.   set var-ar-information-noise (9 + error2-range) ＊ var-noise-next-carrycost

;令羊群效应套利者个人获取信息的方差为真实到期现货价格的倍数,比起理性投机者误差要大,是 10 倍左右,误差倍数在 9-11 区间随机取值

453.　　set ar-information random-normal mean-next-carrycost (var-noise-next-carrycost + var-ar-information-noise)　　　;羊群效应套利者者实际获得的持有成本的信息

454.　　]

455.　　rational-speculator-trade

456.　　 if ticks ＞ 2000　　　　　　　;2000 期后开始引入模仿交易者的交易

457.　　［sp-herdbehavior-trade］　　　　;如果时期小于 2000,模仿交易投机者不参与交易,大于,则进入市场进行交易。主要是进行前后对比

458.　　rational-arbitrager-trade

459.　　if ticks ＞ 2000

460.　　［ar-herdbehavior-trade］

461.　　set num-herdbehavior　sp-herdbehavior-number + ar-herdbehavior-number　　　;计算市场中存在的实际发生的羊群效应交易者总人数

462.　　ifelse num-herdbehavior = 0

463.　　［set herdbehavior-degree 0］

464.　　［set herdbehavior-degree num-herdbehavior /(num-sp-herdbehavior + num-ar-herdbehavior)］

465.　　futureprice-formation

466.　　do-plots

467.　　tick

468.　　set log-now-spotprice log-next-spotprice ;信息时间往后递推,把当期值转化为上期值

469.　　set var-log-now-spotprice var-log-next-spotprice

470.　　set noise-log-now-spotprice noise-log-next-spotprice

471.　　set now-spotprice next-spotprice

472.　　set log-now-carrycost log-next-carrycost;信息时间往后递推,把当期值
　　　　转化为上期值

473.　　set var-log-now-carrycost var-log-next-carrycost

474.　　set noise-log-now-carrycost noise-log-next-carrycost

475.　　set now-carrycost next-carrycost

476.　　]

477.　　 stop

478.　　end

参 考 文 献

[1] 边泓，曲兴华. 会计信息在投资决策中长期锚定效应研究——对计量观实证方法的改进 [J]. 财经研究，2009（11）.

[2] 卞曰瑭，李金生，何建敏，等. 网络近邻择优策略下的股市羊群行为演化模型及仿真 [J]. 中国管理科学，2013（3）.

[3] 蔡庆丰，杨侃，林剑波. 羊群行为的叠加及其市场影响——基于证券分析师与机构投资者行为的实证研究 [J]. 中国工业经济，2011（12）.

[4] 沈艺峰，吴世农. 我国证券市场过度反应了吗？[J]. 经济研究，1999（2）.

[5] 陈晶，高丽峰，殷光伟. 上海燃料油期货市场流动性检验 [J]. 中国市场，2007（45）.

[6] 陈其安，曹国华. 基金管理人行为对股票市场的作用机制研究 [J]. 中国管理科学，2006（1）.

[7] 陈仕华，李维安. 并购溢价决策中的锚定效应研究 [J]. 经济研究，2016（06）.

[8] 陈莹，袁建辉，李心丹，等. 基于计算实验的协同羊群行为与市场波动研究 [J]. 管理科学学报，2010（09）.

[9] 程天笑，刘莉亚，关益众. QFII与境内机构投资者羊群行为的实证研究 [J]. 管理科学，2014（04）.

[10] 丹尼尔·卡尼曼. 思考，快与慢 [M]. 胡晓姣，李爱民，何梦

莹，译．北京：中信出版社，2012．

[11] 邓晶，李红刚．基于羊群效应的银行挤兑和风险传染模型 [J]．复杂系统与复杂性科学，2012（02）．

[12] 董坤．对于我国燃料油期货套期保值有效性的实证分析 [J]．甘肃科技纵横，2006（01）．

[13] 董苏雅拉图．证券市场中具有流动性人口特征的恐慌情绪传播模型 [J]．系统科学与数学，2021（10）．

[14] 董志勇，韩旭．基于 GCAPM 的羊群行为检测方法及中国股市中的实证依据 [J]．金融研究，2007（05）．

[15] 杜伟．期货投机因素与油价——基于格兰杰因果检验和 ADL 模型的分析 [J]．经济科学，2007（04）．

[16] 冯春山，吴家春，蒋馥．国际石油市场的 ARCH 效应分析 [J]．石油大学学报（社会科学版），2003（02）．

[17] 高辉．中国上海燃料油期货定价模型研究 [J]．石油化工技术经济，2006（01）．

[18] 高军玲．我国期货市场羊群效应研究 [J]．金融纵横，2009（05）．

[19] 古斯塔夫·勒庞．乌合之众 [M]．陈剑，译．北京：译林出版社，2018．

[20] 顾荣宝，刘海飞，李心丹，等．股票市场的羊群行为与波动：关联及其演化——来自深圳股票市场的证据 [J]．管理科学学报，2015（11）．

[21] 江轩宇，许年行．企业过度投资与股价崩盘风险 [J]．金融研究，2015（08）．

[22] 姜丕臻．浅析期货投资决策中的心理因素 [J]．商业时代，2004（26）．

[23] 姜丕臻．对中国期货机构投资者锚定启发式偏差的实证研究 [J]．运筹与管理，2005（02）．

［24］蒋舒，吴冲锋.中国期货市场的有效性：过度反应和国内外市场关联的视角［J］.金融研究，2007a（02）.

［25］蒋舒，吴冲锋.国际市场、投机者心理和跨市套利：中国期货市场的考察［J］.世界经济，2007b（04）.

［26］李斌，徐富明，王伟，等.锚定效应的研究范式、理论模型及应用启示［J］.应用心理学，2008（03）.

［27］李海英，马卫锋，罗婷.上海燃料油期货价格发现功能研究——基于GS模型的实证分析［J］.财贸研究，2007（02）.

［28］李学峰，陈曦，茅勇峰.中国封闭式基金投资心理及其对市场的影响——基于锚定启发式偏差的实证研究［J］.广东金融学院学报，2008（05）.

［29］刘成彦，胡枫，王皓.QFII也存在羊群行为吗？［J］.金融研究，2007（10）.

［30］刘海飞，姚舜，肖斌卿，等.基于计算实验的股票市场羊群行为机理及其影响［J］.系统工程理论与实践，2011（05）.

［31］刘祥东，刘澄，刘善存，等.羊群行为加剧股票价格波动吗？［J］.系统工程理论与实践，2014（06）.

［32］刘志新，薛云燕.我国商品期货市场中"即日交易者"过度自信的实证检验［J］.软科学，2007（03）.

［33］吕东辉，杨印生，郭鸿鹏，等.对我国大豆期货投资者认知偏差的实证研究［J］.农业经济问题，2004（11）.

［34］罗孝玲，彭青.我国大豆期货市场羊群行为的实证研究［J］.时代金融，2007（09）.

［35］马丽.中国股票市场羊群效应实证分析［J］.南开经济研究，2016（01）.

［36］马良华，吴琼.我国期货市场羊群行为实证研究［J］.浙江金融，2005（08）.

［37］茅力可.上海股票市场的锚定启发式偏差实证分析［J］.经济

师，2004（10）.

［38］潘慧峰，张金水.基于 ARCH 类模型的国内油价波动分析 ［J］.
统计研究，2005（04）.

［39］钱瑞梅，王永龙.中国燃料油期货价格波动性研究 ［J］.安徽
师范大学学报（人文社会科学版），2008（02）.

［40］曲琛，周立明，罗跃嘉.锚定判断中的心理刻度效应：来自
ERP 的证据 ［J］.心理学报，2008（06）.

［41］石榴红.期货、期权理论与实务（第二版）［M］.北京：科学
出版社，2016.

［42］宋常，陈茜.证券分析师盈利预测的锚定效应研究——来自中
国 A 股上市公司的经验证据 ［J］.安徽大学学报（哲学社会科学版），
2014（01）.

［43］宋军，吴冲锋.基于分散度的金融市场的羊群行为研究 ［J］.
经济研究，2001（11）.

［44］孙培源，施东晖.基于 CAPM 的中国股市羊群行为研究——兼
与宋军、吴冲锋先生商榷 ［J］.经济研究，2002（02）.

［45］田存志，赵萌.羊群行为：隐性交易还是盲目跟风？［J］.管理
世界，2011（03）.

［46］田利辉，谭德凯，王冠英.我国大宗商品期货市场存在羊群行
为吗？［J］.金融研究，2015（06）.

［47］童宛生.期货市场前沿问题研究 ［M］.北京：中国商务出版
社，2006.

［48］王朝晖，李心丹.从众行为与"波动性之谜" ［J］.宏观经济
研究，2015（04）.

［49］王立杰，苟三权.上海燃料油期货市场有效性的随机游走检验
［J］.煤炭经济研究，2006（10）.

［50］王书平，邝雄，吴振信.过度自信心理影响期货价格的数理模
型分析 ［J］.中国管理科学，2010（01）.

［51］王书平，邝雄，郑春梅．锚定心理影响期货市场价格的数理模型［J］．系统工程理论与实践，2012（03）．

［52］王郧，张宗成，华仁海．投资者跟随其他人吗？——来自中国期货市场的证据［J］．上海金融，2011（03）．

［53］文凤华，黄德龙，兰秋军，等．过度自信、后悔厌恶对收益率分布影响的数值模拟研究［J］．系统工程理论与实践，2007（07）．

［54］吴承尧，刘海飞，李心丹．利好、利空信息与证券市场稳定性［J］．管理科学，2011（02）．

［55］武佳薇，汪昌云，陈紫琳，等．中国个人投资者处置效应研究——一个非理性信念的视角［J］．金融研究，2020（02）．

［56］伍旭川，何鹏．中国开放式基金羊群行为分析［J］．金融研究，2005（05）．

［57］许年行，吴世农．我国上市公司股权分置改革中的锚定效应研究［J］．经济研究，2007（01）．

［58］许年行，于上尧，伊志宏．机构投资者羊群行为与股价崩盘风险［J］．管理世界，2013（07）．

［59］许志，干沁雨，徐加根．中国期货市场处置效应研究［J］．宏观经济研究，2013（10）．

［60］杨春鹏，吴冲锋．过度自信与正反馈交易行为［J］．管理评论，2005（11）．

［61］杨春霞，胡森，胡丹婷．基于多主体建模的损失厌恶的生成机制分析［J］．计算机应用研究，2012（09）．

［62］杨威，冯璐，宋敏，等．锚定比率可以衡量股价高估吗？——基于崩盘风险视角的经验证据［J］．管理世界，2020（01）．

［63］袁建辉，邓蕊，曹广喜．模仿式羊群行为的计算实验［J］．系统工程理论与实践，2011（05）．

［64］约翰·赫尔．期权、期货及其他衍生产品［M］．王勇，索吾林，译．北京：机械工业出版社，2009．

［65］张绍良，张国良. 灰色关联度计算方法比较及其存在问题分析
［J］. 系统工程，1996（03）.

［66］张亚涛，刘以琏. 我国基金投资者"锚定效应"的成因和治理
研究［J］. 经济学报，2021（03）.

［67］张尧庭. 我们应该选用什么样的相关性指标？［J］. 统计研究，
2002（09）.

［68］赵茜，王书平. 上海燃料油期货市场价格发现功能的实证研究
［J］. 运筹与管理，2007（02）.

［69］郑丰，赵文耀，张蜀林. 基于 Agent 的羊群行为研究［J］. 中
国管理科学，2015（23）.

［70］周雷，倪雯，董斌. 上海燃料油期货市场有效性的计量实证研
究［J］. 现代管理科学，2007（06）.

［71］周志明，唐元虎. 中国商品期货市场过度反应的实证研究［J］.
上海交通大学学报，2006（04）.

［72］朱超，王政. 基于基本面锚定视角的反转效应再考察［J］. 金
融评论，2021（04）.

［73］Banerjee A. V. A Simple Model of Herd Behavior［J］. The Quarterly
Journal of Economics，1992，107（3）：797 – 817.

［74］Banerjee A.，Padhan P. Herding Behavior in Futures Market：An
Empirical Analysis from India［J］. Theoretical Economics Letters，2017（7）：
1015 – 1028.

［75］Barberis N.，Xiong W. What Drives the Disposition Effect? An
Analysis of a Long – Standing Preference – Based Explanation［J］. The Journal
of Finance，2009，64（2）：751 – 784.

［76］Beggs A.，Graddy K. Anchoring Effects：Evidence from Art Auc-
tions［J］. American Economic Review，2009，99（3）：1027 – 1039.

［77］Bekiros S. D.，Diks C. G. H. The relationship between crude oil spot
and futures prices：Cointegration，linear and nonlinear causality［J］. Energy

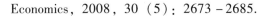
Economics, 2008, 30 (5): 2673 - 2685.

［78］ Biais B. , Hilton D. , Mazurier K. , et al. Judgemental Overconfidence, Self - Monitoring, and Trading Performance in an Experimental Financial Market ［J］. The Review of Economic Studies, 2005, 72 (2): 287 - 312.

［79］ Bikhchandani S. , Hirshleifer D. , Welch I. A Theory of Fads, Fashion, Custom, and Cultural Change in Informational Cascades ［J］. Journal of Political Economy, 1992, 100 (5): 992 - 1026.

［80］ Chang E. C. , Cheng J. W. , Khorana A. An examination of herd behavior in equity markets: An international perspective ［J］. Journal of Banking & Finance, 2000, 24 (10): 1651 - 1679.

［81］ Chen H. Price limits, overreaction, and price resolution in futures markets ［J］. Journal of Futures Markets, 1998, 18 (3): 243 - 263.

［82］ Christie W. G. , Huang R. D. Following the Pied Piper: Do Individual Returns Herd around the Market? ［J］. Financial Analysts Journal, 1995, 51 (4): 31 - 37.

［83］ Ciner C. Hedging or speculation in derivative markets: the case of energy futures contracts ［J］. Applied Financial Economics Letters, 2006, 2 (3): 189 - 192.

［84］ Cipriani M. , Guarino A. Estimating a Structural Model of Herd Behavior in Financial Markets ［J］. American Economic Review, 2014, 104 (1): 224 - 251.

［85］ Coval J. D. , Shumway T. Do Behavioral Biases Affect Prices? ［J］. The Journal of Finance, 2005, 60 (1): 1 - 34.

［86］ Daniel K. , Hirshleifer D. , Subrahmanyam A. Investor Psychology and Security Market Under - and Overreactions ［J］. The Journal of Finance, 1998, 53 (6): 1839 - 1885.

［87］ Daniel K. D. , Hirshleifer D. , Subrahmanyam A. Overconfidence,

Arbitrage, and Equilibrium Asset Pricing [J]. The Journal of Finance, 2001, 56 (3): 921 – 965.

[88] De BONDT W. F. M. , Thaler R. Does the Stock Market Overreact? [J]. The Journal of Finance, 1985, 40 (3): 793 – 805.

[89] De BONDT W. F. M. , Thaler R. H. Further Evidence On Investor Overreaction and Stock Market Seasonality [J]. The Journal of Finance, 1987, 42 (3): 557 – 581.

[90] Demirer R. , Lee H. – T. , Lien D. Does the stock market drive herd behavior in commodity futures markets? [J]. International Review of Financial Analysis, 2015, 39 (C): 32 – 44.

[91] Duke J. , Clack C. Evolutionary simulation of hedging pressure in futures markets [J]. 2007. IEEE Congress on Evolutionary Computation IEEE, 2007, 782 – 789.

[92] Ederington L. , Lee J. H. Who Trades Futures and How: Evidence from the Heating Oil Futures Market [J]. The Journal of Business, 2002, 75 (2): 353 – 374.

[93] Englich B. , Soder K. Moody experts—How mood and expertise influence judgmental anchoring [J]. Judgment and Decision Making, 2009, 4 (1): 41 – 50.

[94] Epley N. , Gilovich T. Putting Adjustment Back in the Anchoring and Adjustment Heuristic: Differential Processing of Self – Generated and Experimenter – Provided Anchors [J]. Psychological Science, 2001, 12 (5): 391 – 396.

[95] Epley N. , Gilovich T. The Anchoring – and – Adjustment Heuristic: Why the Adjustments Are Insufficient [J]. Psychological Science, 2006, 17 (4): 311 – 318.

[96] Epley N. , Gilovich T. Anchoring unbound [J]. Journal of Consumer Psychology, 2010, 20 (1): 20 – 24.

［97］ Fagiolo G. , Guerini M. , Lamperti F. , et al. Validation of Agent – Based Models in Economics and Finance ［J］. Computer Simulation Validation, 2019: 763 – 787.

［98］ Fama E. F. Efficient Capital Markets: A Review of Theory and Empirical Work ［J］. The Journal of Finance, 1970, 25 （2）: 383 – 417.

［99］ Fan J. H. , Zhang T. The untold story of commodity futures in China ［J］. Journal of Futures Markets, 2020, 40 （4）: 671 – 706.

［100］ Furnham A. , Boo H. C. A literature review of the anchoring effect ［J］. The Journal of Socio – Economics, 2011, 40 （1）: 35 – 42.

［101］ Gigerenzer G. , Out of the frying pan into the fire: behavioral reactions to terrorist attacks ［J］. 2006, 26 （2）: 347 – 351.

［102］ Glaser M. , Weber M. Overconfidence and trading volume ［J］. The Geneva Papers on Risk and Insurance Theory, 2007, 32 （1）: 1 – 36.

［103］ Gleason K. C. , Lee C. I. , Mathur I. Herding Behavior in European Futures Markets ［J］. Finance Letters 2003, 1 （1）: 5 – 8.

［104］ Grinblatt, M. , Keloharju, M. What Makes Investors Trade? ［J］. The Journal of Finance, 2001, 56 （2）: 589 – 616.

［105］ Gulen G. Efficiency in the crude oil futures market ［J］. Journal of Energy Finance & Development, 1998, 3 （1）: 13 – 21.

［106］ Gurrib I. Standard deviation or variance: the better proxy for large hedgers and large speculators risk in U. S. futures markets ［J］. African Journal of Business Management, 2007, 1 （2）: 34 – 48.

［107］ Hirshleifer D. , Luo G. Y. On the survival of overconfident traders in a competitive securities market ［J］. Journal of Financial Markets, 2001, 4 （1）: 73 – 84.

［108］ Holland J. H. Complex Adaptive Systems ［J］. Daedalus, 1992, 121 （1）: 17 – 30.

［109］ Hong H. , Stein J. C. A Unified Theory of Underreaction, Momentum Trading, and Overreaction in Asset Markets [J]. The Journal of Finance, 1999, 54 (6): 2143 – 2184.

[110] Hyuk Choe, Yunsung Eom. The disposition effect and investment performance in the futures market [J]. Journal of Futures Markets, 2009, 29 (6): 496 – 522.

[111] Irwin S. H. , Yoshimaru S. Managed futures, positive feedback trading, and futures price volatility [J]. Journal of Futures Markets, 1999, 19 (7): 759 – 776.

[112] Ko K. J. , Zhijian (James) Huang. Arrogance can be a virtue: Overconfidence, information acquisition, and market efficiency [J]. Journal of Financial Economics, 2007, 84 (2): 529 – 560.

[113] Kraus A. , Stoll H. R. Parallel Trading by Institutional Investors [J]. The Journal of Financial and Quantitative Analysis, 1972, 7 (5): 2107 – 2138.

[114] Kyle A. S. , Wang F. A. Speculation Duopoly with Agreement to Disagree: Can Overconfidence Survive the Market Test? [J]. The Journal of Finance, 1997, 52 (5): 2073 – 2090.

[115] Lakonishok J. , Shleifer A. , Vishny R. The impact of institutional trading on stock prices [J]. Journal of Financial Economics, 1992, 32 (1): 23 – 43.

[116] Leung T. C. , Tsang K. P. Anchoring and loss aversion in the housing market: Implications on price dynamics [J] . China Economic Review, 2013, 24 (C): 42 – 54.

[117] Lien D. Futures Hedging Under Disappointment Aversion [J]. Journal of Futures Markets, 2001, 21 (11): 1029 – 1042.

[118] Lien D. , Wang Y. Disappointment aversion equilibrium in a futures market [J]. Journal of Futures Markets, 2003, 23 (2): 135 – 150.

[119] Locke P. , Mann S. Do Professional Traders Exhibit Loss Realiza-

tion Aversion [J]. SSRN Electronic Journal, 2000.

[120] Moosa I. A. , Al – Loughani N. E. The effectiveness of arbitrage and speculation in the crude oil futures market [J]. Journal of Futures Markets, 1995, 15 (2): 167 – 186.

[121] Mussweiler T. , Englich B. Subliminal anchoring: Judgmental consequences and underlying mechanisms [J]. Organizational Behavior and Human Decision Processes, 2005, 98 (2): 133 – 143.

[122] Mussweiler T. , Strack F. Hypothesis – Consistent Testing and Semantic Priming in the Anchoring Paradigm: A Selective Accessibility Model [J]. Journal of Experimental Social Psychology, 1999, 35 (2): 136 – 164.

[123] Mussweiler T. , Strack F. , Würzburg U. W. Numeric judgment under uncertainty: The role of knowledge in anchoring [J]. Journal of Experimental Social Psychology, 2000, 36 (5): 495 – 518.

[124] Odean T. Volume, Volatility, Price, and Profit When All Traders Are Above Average [J]. The Journal of Finance, 1998, 53 (6): 1887 – 1934.

[125] Odean T. Do Investors Trade Too Much? [J]. American Economic Review, 1999, 89 (5): 1279 – 1298.

[126] Poteshman A. M. Underreaction, Overreaction, and Increasing Misreaction to Information in the Options Market [J]. The Journal of Finance, 2001, 56 (3): 851 – 876.

[127] Rekik Y. , Hachicha W. , Boujelbene Y. Agent-based Modeling and Investors' Behavior Explanation of Asset Price Dynamics on Artificial Financial Markets [J]. Procedia Economics and Finance, 2014, 13 (13): 30 – 46.

[128] Sanders D. R. , Boris K. , Manfredo M. Hedgers, funds, and small speculators in the energy futures markets: An analysis of the CFTC's Commitments of Traders reports [J]. International Journal of Biological Macromole-

cules, 2004, 26 (3): 425 – 445.

[129] Scharfstein D. , Stein J. Herd Behavior and Investment [J].
Amercian Economic Review, 1990, 80 (3): 465 – 479.

[130] Shefrin H. , Statman M. The Disposition to Sell Winners Too Early
and Ride Losers Too Long: Theory and Evidence [J]. The Journal of Finance,
1985, 40 (3): 777 – 790.

[131] Silvapulle P. , Moosa I. A. The relationship between spot and fu-
tures prices: Evidence from the crude oil market [J]. Journal of Futures Mar-
kets, 1999, 19 (2): 175 – 193.

[132] Simmons J. P. , LeBoeuf R. A. , Nelson L. D. The effect of accuracy
motivation on anchoring and adjustment: do people adjust from provided anchors?
[J]. Journal of Personality and Social Psychology, 2010, 99 (6): 917 – 932.

[133] Simon D. P. , Wiggins R. A. S&P futures returns and contrary senti-
ment indicators [J]. Journal of Futures Markets, 2001, 21 (5): 447 – 462.

[134] Slovic P. The relative influence of probabilities and payoffs upon per-
ceived risk of a gamble [J]. Psychonomic Science, 1967, 9 (4): 223 –
224.

[135] Slovic P. , Lichtenstein S. Relative importance of probabilities and
payoffs in risk taking [J]. Journal of Experimental Psychology, 1968, 78 (3,
Pt. 2): 1 – 18.

[136] Smith A. R. , Windschitl P. D. , Bruchmann K. Knowledge mat-
ters: Anchoring effects are moderated by knowledge level [J]. European Journal
of Social Psychology, 2013, 43 (1): 97 – 108.

[137] Solt M. E. , Statman M. How Useful is the Sentiment Index? [J].
Financial Analysts Journal, 1988, 44 (5): 45 – 55.

[138] Stalman M. Behavioral Finance: The Second Generation [M].
Charlottesville, VA: CFA Institute Research Foundation, 2019.

[139] Statman M. , Thorley S. , Vorkink K. Investor Overconfidence and

Trading Volume [J]. Review of Financial Studies, 2006, 19 (4): 1531 – 1565.

[140] Stein J. L. Real Effects of Futures Speculation: Asymptotically Rational Expectations [J]. Economica, 1986, 53 (210): 159 – 180.

[141] Stoll H. R. An Empirical Study of the Forward Exchange Market under Fixed and Flexible Exchange Rate Systems [J]. Canadian Journal of Economics, 1968, 1 (1): 55 – 78.

[142] Tsiang S. C. The Theory of Forward Exchange and Effects of Government Intervention on the Forward Exchange Market [J]. IMF Staff Papers, 1959, 7 (1): 75 – 106.

[143] Tversky A. , Kahneman D. Judgment under Uncertainty: Heuristics and Biases [J]. Science, 1974, 185 (4157): 1124 – 1131.

[144] Wang F. A. Overconfidence, Investor Sentiment, and Evolution [J]. Journal of Financial Intermediation, 2001, 10 (2): 138 – 170.

[145] Wang C. The behavior and performance of major types of futures traders [J]. Journal of Futures Markets, 2003 (23): 1 – 31.

[146] Wang C. , Yu M. Trading activity and price reversals in futures markets [J]. Journal of Banking & Finance, 2004, 28 (6): 1337 – 1361.

[147] Wegener D. , Petty R. , Blankenship K. , et al. Elaboration and numerical anchoring: Breadth, depth, and the role of (non-) thoughtful processes in anchoring theories [J]. Journal of Consumer Psychology, 2010, 20 (1): 28 – 32.

[148] Wright W. F. , Anderson U. Effects of situation familiarity and financial incentives on use of the anchoring and adjustment heuristic for probability assessment [J]. Organizational Behavior and Human Decision Processes, 1989, 44 (1): 68 – 82.